迷路旅行

LOSTHOLIC

屠潔 Jenny Tu

CONTENTS

STEP 2.2 Brussels 布魯塞爾　整個城市就是 ROCK CONCERT

STEP 2.6 München 慕尼黑　那個為了啤酒而生、為了啤酒而狂歡的城市

LOSTHOLIC CHAPTER THREE
後記 // SHMS母校：這是我的地盤

推薦序

做一件永不後悔的事

用旅行做為她對生命的禮讚
可以站在世界的各點來感受寬廣面.跳脫常人侷限的眼界
播下富足及愛及自由的種子

她一步步的自我探索人生，造就不同體驗和獨特旅行思考的特質，成為一位旅行觀察者。看完她的書，從中感染了她細膩的人文素養，有著訝異有著驚奇，處處看到她的彈性轉彎因子及正面的能量，書中一段敘述「把原本普世價值會害怕的事，改變了思路賦予新的解讀。」，讓我看到她正面成長的軌跡

把從內心深處的體驗化作心情語言、文字、圖片，加以邏輯化的整理出來是不容易的，這不只是一本敘述旅行的書，也是令人感同身受帶入心靈的書，看完書後，保證「年輕雀躍」及「想飛」的情懷都會湧上心頭！她的不吝豐富分享，讓讀者進入一段歐洲風情的豐富心靈饗宴。

很多人問我，我是怎麼帶她教育她的，「因性順勢的引導」及「適時放手」是我的原則，給予最大的支持力量及引導，讓孩子能純潔無懼面對世界之大！也許過去的歲月是我影響著她，但在未來應是她的成長飛揚會影響著我！

她有今日迷路旅行的勇氣，應緣起於當她三歲時，我因工作忙，需時常送回南部請母親協助照料，航空公司的「單獨旅行兒童」方案，讓她有了獨自旅行的機會，說我不擔心是騙人的，但我做了前置輔導作業才敢放行的。

小孩並非天生自己就會坐飛機的，在一次同行的飛機上，我以遊戲及講故事的方式，講了「一個女孩的單獨旅行」的故事，敘述一位小孩勇敢單獨坐飛機時，遇到哪些事是如何求助空服員，以及發生了哪些糗事?哪些趣事? 然後我給故事中的女孩極

大的肯定及讚美，也引導她對這個女孩的肯定然後問她如果是她自己一個人坐飛機O不OK，然後她說：媽媽，自己一人搭飛機好像不困難對吧！下一次你很忙的時候，我也可以試試看啊！應該沒有問題的！

這故事的編者當然就是我這位天馬行空的媽媽。

對於不熟悉的國度總有畏懼，建立自信及突破是可被「漸層引領」的。在每個學程成長中，鼓勵她做不同的探討和學習，支持她用最少的錢做最大的經濟效益的自助旅遊。她自己的勇於探索造就她的成長、主動積極態度是使她能學習到多元文化國際觀的最重要的因素！

感謝讓我有機會為她的出書寫序，得與有機會分享並參與孩子的人生記錄點滴成長。父母給孩子是有限的，但孩子只要自己願意，發展卻是無限的，希望身為家長的我們，盡已之力支持孩子的探索成長，在此謹祝福屠潔的「迷路旅行」這本書，能帶給社會年青更「積極正面能量」的迴響！

一個簡單的道理，你若不選擇走自己路，就只有跟著別人的腳步走。

環球行留學董事長／中華民國留學同業公會理事長
屠潔的母親　洪世英

推薦序

哇！迷路旅行……這是什麼樣的思維，屠潔就是可以不一樣。

這個女孩用創新的想法，勇敢去挑戰生活，真的很了不起！

聽到屠潔說用迷路的方式去旅行，腦海中就跳出很多新鮮、

有趣味的想像畫面，非常期待屠潔的這本創新思維的新書。

——志氣導演　張柏瑞

有人說：只有迷路，你才能看到意想不到的人、事、物與難忘的風景

旅行也是，人生亦然。

如果人生這趟旅程，你期待的是多姿多采，盡情感受生命每個新奇的體驗

如果你也想成為不是只做白日夢的冒險王

那這本書、那這個新的旅行模式、那這個天不怕地不怕的女孩【屠潔】

能給你方向、能給你勇氣、願意接受迷路的勇氣

行動吧～～開始享受未知旅程與屠潔的文字所為你帶來的美好

願我們能在下一個迷路的路口遇到彼此 並驚嘆這緣分

——企業抒壓講師　歐耶

屠潔也許就因為迷路了，所以踏進了我的喜劇世界。我跟他不一樣，總是用很精準的
方式帶領夥伴們往目標前進，然後就迷路了。

啊！那又何妨，迷路的感覺也挺不賴，可以看到出乎意料的風景，尤其有精明卻迷
糊、獨立卻撒嬌的屠潔一起上路。

——台灣脫口秀教父　張碩修Social

看過有旅遊專家自誇「教你玩透透」、「教你吃透透」，但「教你迷路」還教到出書，屠潔真的是古今中外第一人！讀者們切記，買這本書應該是沒辦法把到卡米地俱樂部最可愛的脫口秀女王（不避諱承認這是場面話），但是不買，就連她在迷路旅行中俏麗的身影（仍然是場面話）都無緣一睹啦！

——知名主持人　黃豪平

或許你也曾站在書櫃前，翻著那些「旅遊書」們，教你如何做好準備；如何規劃行程；那裡好吃、好玩；如何將時間做最有效率的運用。

但是否想過，難道連旅行都要如此忙碌，旅行的意義對你來說是什麼？

跟著屠潔一起迷路旅行，你會發現，

原來透過旅行，可以肆無忌憚的享受人生，

原來透過旅行，可以帶來豐富的文化衝擊，

如果我們還沒有勇氣像屠潔一樣，揹起背包，說走就走，

那麼你可以從這本書開始，

顛覆旅行對你的意義，一起迷路・旅行

——「新激梗社」劇團團長／「好事派」脫口秀演員　林佳亨

來到坐4望5的年齡，從沒想過可以一個人獨自旅行，因為害怕，怕走丟，怕語言不通等種種放不開的理由。去年因屠潔的一場迷路旅行演說改變了我，這一年來的10趟海外旅遊，就按屠潔「順著感覺、探險式」的玩法，以及「自己創造旅途中的亮點」於是帶著自家的白紗「道具」趴趴走！真是驚喜又瘋狂～～絕世好書！就人手一本吧！！

——愛天使婚紗攝影總經理＆環遊世界俱樂部召集人　洪嘉秀

推薦序

在現代人快速便捷的生活當中，其實也同步的在無形中累積許多壓力，

而旅行呢，也就成為解放這些討人厭壓力的首選，但要進行一段長程旅遊需要注意的

事項其實非常的多，其中甚有許多會關係到生命安全，但所以在出門旅行前，事前

的功課就絕對不能少，近期聽到許多網路上的文章分享如何花小錢由歐洲，其中有提

到幾種不是很優的管道來降低旅行成本，例如逃票、隨機借宿等等⋯⋯其中都暗藏了

許多危機，而書中屠潔提出的方式都是有效率有條理地去規劃旅行，對於即將要成為

旅行者的讀者非常有幫助，說到這兒，趕緊翻開書本閱讀吧！

　　　　　——吉而好關係企業／中華民國工商建設研究會青年二團團長　侯柏安

太讓我驚喜了！小小的年紀，竟然用小腳丫丈量了這麼多神奇的國度，屠潔親自用自

己的眼睛，記錄了那麼多世間的美好。更有那無與倫比的姐弟之情，讓她的生活如此

驕傲，如此溫暖，讓人讚歎。

掩卷之際，突然又發現她簡單的文字中又包含著被許多許多人忽視的東西。比如激

情、好奇、善良，還有理性的規劃和分享。漸漸的，生活會告訴你，每個人其實都是

在路上，不管是坦途還是曲折，都是LOSTHOLIC。

但願有更多的人能夠分享那份愉悅心靈的正能量，也祝福溫暖的陽光陪伴「正在翻書

的你」，即使天空陰霾密佈。

　　　　　　　　　　　　　　　　　　　——三陽工業董事長特助　吳麗珠

聰明、熱情、專業、努力，她永遠是活動總召、氣氛製造者、有她在就開心溫暖，只是她是個路痴，一起跟著她迷路旅行吧。

——摯友Twins　蘇姵璇

應該沒有比這還要更自在的旅行模式了！
也想要享受「自由旅行」的你，必看！

——路癡姐妹　張阿丹

無限好奇心與挫折樂觀面對，開心的與屠潔一起，作夢、築夢、追夢！
接下來，就和她一同「迷路旅行」吧！

——摯友　江岱蓉

掛名推薦

台灣之光極限超馬運動員　**林義傑**
世界公民文化協會理事長　**呂學海**
卡米地站立幫、知名喜劇演員壯壯、卡米地好事派

曾經有人笑過我，

一個路痴想要自己去旅行簡直是天方夜譚。

曾經我懷疑過自己，

一個女孩子想要走遍世界實在太過危險。

曾經我認為一個人的旅行，

真的很孤單寂寞，偶爾會覺得冷。

但當那些曾經都變成了曾經，

26歲走過了26個國家，250個城市，

現在我有的是獨立的勇氣

和自由無束縛的想像力。

我是屠潔

我是路痴

我愛旅行

迷路旅行是屬於我的生活

也許也可以是你的

Let's Travel! LOSTHOLIC!

LostHolic？
什麼是 迷路旅行？

迷 路旅行的概念就是：GET LOST。旅行就是換個地方生活、迷路就是隨機體驗感受，總和起來：迷路旅行就是享受生命不經意的驚喜，創造只屬於你的、不會跟人重複撞衫的旅行回憶。迷路旅行Get Lost，不是路痴的專利，但卻是路痴的大福音。一旦心態對了，會覺得「會迷路」才能真正享受隨機的旅行步調。

迷·路·旅·行 / Tips

- 自助旅行，但只做半套的旅行準備。
- 不全然相信達人或旅遊書的推薦。
- 從路人口中打聽當地資訊。
- 不死盯著地圖找路。
- 旅行中不緊張於時間的流逝。
- 適合路痴、就算不是路痴也懂得隨意行走的藝術。
- 能夠全然接受突如其來的事件，隨機體驗、彈性調整預定行程。
- 一個人也能悠遊自在，自己做自己的旅伴。
- 無論如何，要冒險但安全至上！快快樂樂出門，平平安安回家！

勇氣和膽量是不是一定要出國旅行才可以訓練？

☐ 是　　　　　　　　　　　　　　☐ 不是

喜歡跟著旅行團，還是自己闖蕩？

☐ 旅行團：方便、又不用自己規劃，事事有人帶
☐ 半自助旅行：機票＋飯店＋景點都有人協助定好，但自行出發的旅程
☐ 全自助旅行：全部自己組織自己想要的旅程
☐ 迷路旅行：想要自己出門，不想要有特定的行程，隨機體驗。

喜歡旅行的時候做些什麼？

☐ 去知名景點-沒去過別說你去過那裡　　☐ 逛古蹟博物館美術館-人文藝文之旅
☐ 到大自然地形風景區-世界地理教室　　☐ 美食吃透透-世界的美食儘收胃裡
☐ Shopping購物-當地便宜當地買　　　☐ _____

在旅行中最讓你擔心的事？

☐ 容易迷路　　　　　　　　　　　☐ 無聊
☐ 不會規劃行程浪費時間　　　　　☐ 家人擔心反對
☐ 英文不好/不會當地語言　　　　 ☐ _____
☐ 被搶、偷、騙

為什麼你不想要一個人迷路旅行？

☐ 安全考量，怕被騙，沒有人可以互相照應
☐ 語言不通
☐ 喜歡依賴別人，只想Follow不想規劃
☐ 懶惰
☐ 沒有特別喜歡的東西或沒有旅行目標
☐ 太忙、沒時間
☐ 不知道該從何開始著手規劃旅行，倒不如跟旅行團
☐ 無聊，沒有人一起分享旅程

看完這本書，你的下一趟旅程是什麼時候？

☐ 1個月內　　　　　　　　　　　☐ 1年-3年
☐ 1-3個月　　　　　　　　　　　☐ 3年以後
☐ 3-6個月　　　　　　　　　　　☐ _____ 年
☐ 6個月-1年

迷路旅行許願池

· 我想去的國家：_____
· 要去的天數：_____
· 預算：_____
· 我一定要在什麼時候去（日期）：_____

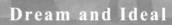

夢想旅行 V.S 理想旅行
Dream and Ideal

旅行就是換個地方生活。

迷路就是隨機體驗感受。

迷路旅行

就是享受生命不經意的驚喜，

創造只屬於你的旅行回憶。

FIRST FLIGHT
第一次一個人搭飛機，
是在我沒有記憶的時候。

3歲的小女孩，連一句話都說不完整，就獨自搭上臺北前往高雄的班機，只能靠想像，回憶當時的畫面──長腿空姐領著一個女娃娃走上飛機，將近一個小時的航班周遭圍繞著不認識的陌生人──那就是我毫無印象，靠著別人的嘴巴中拼湊出來的第一次搭飛機記憶。

看到這裡，你也許會不諒解這爸媽在做什麼啊？怎讓3歲的小女孩自己搭飛機？但我很感激我的父母給我這樣的胸襟和膽識一個人走世界，現在想想，3歲可以不哭不鬧上飛機，好像是個小小的傳奇，作為每一次的演講開場還挺不錯的。

3歲第一次獨自一個人搭飛機，9歲開始嘗試自助旅行，15歲一個人參加遊學團，18歲，才真正展開一個人的旅程。

66 She is a real traveler.
She will go around the world. **99**

但真正意識到自己是個旅人，是在我22歲旅行到羅馬的時候。那時我認識了一對澳洲老夫妻，熱情的和我聊起在威尼斯的上廁所經驗。「妳知道在威尼斯這個水城上廁所都要門票錢的嗎？」我搖了搖頭，威尼斯是我的下一個城市，對於它，除了電視曾經播過的面具節慶典畫面的印象之外我幾乎一無所知。「威尼斯是把廁所門票做到系統化、電子化的一個地方。來，這張卡給妳，是我們買十張廁所套票剩下來的，妳一定用的到！」

廁所套票？真是讓人開了眼界了！我知道在歐洲很多地方上廁所需要費用，但我真不曉得還有這樣的東西。我開心的收下卡片。興奮的老爺爺從他的行李箱裡又翻出一堆寶物，奧地利的吊牌、英國的明信片、芬蘭的樹葉，還有一張面額20圓的加拿大鈔票。我搖了搖手，錢怎麼可以收！在旁邊的老婆婆也說，「你給她鈔票？她又不見得用得的到，加拿大耶！離這裡多遠啊？」老爺爺看著他的老婆又看看我，回答她說「Canada is not far for her. One day, she will visit there and use it for sure. 她是一個旅人！加拿大對她來說一點都不遠，我相信有一天她會去。」說著就把鈔票塞到我手裡。

我很喜歡旅行，但我從來沒想過要把旅人這個字放在身上。但是透過言語的分享，對話的內容，文化的經驗累積，那自然而然散發的能量就會讓人相信我是旅人。

那段對話在我心裡漾起了小小的微笑，不用特別強調就有人相信你、肯定你對這世界的好奇心、理解旅行生活的態度，竟是一種說不上來的滿足感，即使他們只是在一次旅程中，談話2小時的朋友。即使，我沒有再見過他們了。

> **"** Traveler，是很會旅行的人；
> 也許很會規劃行程、懂得很多省錢的撇步。
> 我自詡為一個很會迷路，而且很喜歡迷路的人。
> Lost-Holic迷路旅行家，
> 我決定就這樣闖蕩江湖了。 **"**

這本書是我在歐洲遊蕩的故事，是一本分享書，更是一個教學如何「一個人走出自己的迷路旅行風格」的書。如果你已經很會旅行了，那麼把它當作文化分享、歐洲遊記；如果，你正準備或者心裡想著要去自助旅行卻還不知道該如何衝出家門的話，希望我的故事能夠讓你鼓起勇氣，為自己衝動一場；更多的是，這本書更記錄著，一個25歲看似身經百戰，獨自一個人旅行很多地方的姊姊，帶著18歲剛成年、從未一個人旅行的弟弟出走的故事。

STEP 1.2
規劃你的迷路旅行：
你的旅行，**跟**團還是**不跟**？

很多人到了國外，會刻意避開麥當勞，其實對當地人來說，外帶一份到廣場或是路邊長椅上，搭配街景享用餐點是最愜意的選擇，因此即便在歐洲，我還是會吃麥當勞。雖然有人說花了錢到歐洲吃速食感覺很瞎，但我更享受融入當地的心情，總不甘願只當個觀光客，一趟真正的迷路旅行，就是要花時間把自己變得很在地。

雖說我很著迷於隨興所至的旅程，但其實我並不排斥跟旅行團，也不會對要跟團的人發表「你是笨蛋嗎？」的長篇大論。選擇旅行團或自助旅行，取決於每一個對旅行的不同要求。

舉例來說，像是若要到美國的優勝美地，就很適合參加當地的Local Tour，複雜的車程、行程安排、住宿、路線等，自己規劃反而更累更麻煩。旅行團是由旅行社主辦，將規劃好的行程、住宿、購物點等提交給想去旅行的旅客，可以接受的人就一起踏上旅程。好處是可以壓低價格、行程安排順暢、不用自己訂位，只要付了錢確定日期和時間，就可以準備好開開心心的出去度假。但壞處就是，行程彈性低，不能自己決定說走就走。旅行團適合生活工作很忙碌，難得才可以撥出時間來好好放鬆休閒一下的人，又或者是一起同行的人很多，一個公司、一個家庭、一個班級，則旅行團絕對是首選！

相反的，自助旅行其實是相較辛苦的過程，要先決定好自己想去的地方，行程規劃、飛機訂票、住宿確認等等，到了當地後還要自己認路決定行程。當然，我是很enjoy這段尋找的過程的，甚至我膽子也蠻大的，也不太愛查什麼旅遊資訊，完全把路痴的功能發揮到極致，「迷路旅行」。自助旅行，最大的優點就是彈性很大，自由度很高，想做什麼就做什麼絕不會被別人所影響，很適合我這種「一但旅行就不想和原本認識的人扯上關係」的理念。最重要的是，我能把預算花在刀口上，我不想看得地方就不看，我不想掏腰包走的遊樂園就不去，100%符合自己的理想。

現在也有另外一種旅行方法也就應運而生。「Contiki」國際青年英語半自助旅行。這是讓來自世界各地不同的人一起到當地後才組成一個團體，因此團員來自各個國家。分為露營團、印象團（住在五百年歷史的法國酒莊或是奧地利傳統木屋的特色旅館）、風雅團（有星級的旅館），可以根據自己的需求選擇。最有趣的地方是，他們主要是幫忙安排交通和住宿，負責把你從一個城市帶到另一個城市後就自由解散，讓所有的團員放牛吃草，自己想去哪就去哪。

66

絕對沒有哪一個好，哪一個不好，端看自己的選擇、狀況和喜好。

99

此外，露營也是很難能可貴的經驗，我個人蠻推薦這樣的行程和旅遊方式，它同時融合了自助旅行和旅行團的好處，也可以給害怕自助旅行的人，前幾次練習磨鍊的機會！

這本書還是為了貫徹我的迷路旅行概念而生的，所以希望透過接下來的幾項引導步驟，可以一步步的讓想自助旅行卻還不知道該如何起步的人，直接知道該怎麼執行你的旅程。

STEP 1.3
規劃你的迷路旅行：

確立目標 —— 別管旁人的行程，
做你愛做的事！

從我認真的把旅行當作生活的一部份開始，我幾乎都是一個人旅行。

有些人會問，我想去法國、德國、瑞士，有沒有推薦一定要去的景點，非做不可的事？通常這樣的問題，我一定會問對方，那你的旅行主要的目的是想做些什麼事？純粹放鬆？盡情瞭解當地文化自然風景？喜歡Shopping？還是酷愛博物館的藝文之旅？抑或是像餅弟一樣「有美食，萬事足」，他的旅行目的很明確，只要有美食吃，他就能開心滿足覺得整個旅程都有價值了。

個人非常不喜歡購物行程，以一個背包客來說，過多的行李只會造成移動上的負擔。加上我目前26歲，在開始雙語主持人的工作生涯之前，充其量就是一個窮學生罷了，靠著微薄的打工薪水與父母資助，根本沒有這樣大的金錢供我揮霍無度。加上自己對於異國文化和歐洲的歷史故事深感興趣，往往博物館、美術館、歷史古蹟就花掉了我大半的旅行時間。因此，我的旅行目標相當明確，在做事前準備工作時，「沒有我的味道」的景點，我自然快速的篩選掉。

自助旅行最棒的是，你可以自己選擇你要把時間花在哪裡。有句廣告台詞說，生命就該浪費在美好的事物上。而「美好」本來就是見仁見智的！

> **66**
> 屬於你的自助旅行，
> 你可以選擇把旅程都花費在你自己定義的美好。
> **99**

丟掉你手邊那些未經整理的「達人推薦、非去不可的景點！」不是不要看或不要參考，是「只留下你深受吸引」的那些地方！

STEP 1.4
規劃你的迷路旅行：
放輕鬆，去**面對**你在旅行中最擔心的事

這句話聽起來簡單，做起來卻是有技巧的。放輕鬆是指心境上要放輕鬆，意思是旅人本身必須要能在旅程中保持在「安心」的狀態。

對我來說，最擔心害怕的事情是「我是一個大路痴」。這件事情讓我在一開始嘗試旅行時總是無法安心。但「迷路」卻偏偏是最無法靠著事前準備就能解決的事。而且，在迷上旅行這件事前，我的個性是「一定要照著計畫順利的走」，因此常常在同一個地方打轉，也會因為無法在既定時間到達景點，或是因為天候因素而無法拍到漂亮的照片而打壞了旅行心情。

在結束第一趟旅程之後，我發現「彈性」的重要性。沒有任何旅程是可以100%遵照著計畫走的。但那些出奇不意的事，往往更能夠增添旅遊的樂趣。這樣說起來「迷路」似乎也不是什麼壞事！反而更容易找到一些達人找不到的、書上沒有記載的景點。

> **66** 我就這樣養成了屬於屠潔的旅遊哲學：
> 「迷路旅行 Get Lost.」我最煩惱的事，
> 成為了我旅行中最重要的中心思想。**99**

去找出你旅行最擔心的事，最造成你心中負擔的重點，並且一一突破。比如說，有人很害怕人身安全遭受威脅，那麼就避開那些讓你覺得不安全的路徑，並且留好退路，緊急電話、簡單的防身工具等；又或者很擔心語言不通，人生地不熟，那麼事前就多查些中文的書籍資料帶著走；如果像我一樣害怕迷路，那就調整好自己的心情和心境，每一件事情都一定有正反兩面，若是只是擔心害怕也失去了旅遊的放輕鬆本意了。既然這麼辛苦，那乾脆放棄你的旅行吧！

STEP 1.5
規劃你的迷路旅行：
訓練**膽量**、培養**勇氣**

我很提倡在出國玩之前，先把台灣玩過一遍。對我來說，我是反過來，玩過了國外才回來玩台灣，台灣有很多很值得一看的地方！在台灣，離開了自己所居住的城市，其實也是人生地不熟，充其量只有語言是通的罷了！但是成本低、安心感也比較足夠，建議你可以用旅遊台灣當作去國外自助旅行的前鋒戰，重點是要培養及習慣「自助旅行」這件事。

之前在社群網站看到一個粉絲團，他是一群人用丟骰子的方式坐鐵路環島旅行，利用不定數的方式來增加旅遊的不確定指數，以達到冒險、勇敢與彈性、非計畫的旅程。第一次看到這樣的方法的時候我個人還蠻興奮的！而且他們也會組團，讓大家的勇氣可以一起凝聚，建議會害怕一個人旅行，不知道如何起步的人可以使用這種方式去嘗試看看，這也是可以形成「迷路旅行」的一種方法。

這樣的旅行一兩次之後，就會理出一項屬於你自己的旅遊哲學，需要什麼、不需要什麼、會遇上什麼樣的事也比較有個底，接著再把舞台移到國外去，如法炮製，其實自己出國真的沒有想像中那麼難！

66 勇氣和膽量，其實就是一股衝勁，還有對於未知事物可以面對解決的能力。要訓練它，經驗值越多，你怕的事情就會越少。**99**

STEP 1.6
規劃你的迷路旅行：
To do 想而不動，夢永遠是夢？

訂一個期限給自己，什麼時候之前我一定要出去。比如說，26歲前，我一定要去走一趟；當完兵，我就是要去一趟！人都是有惰性的，拖字訣會不經意的讓你總是念著同一件事情很久，卻始終無法達成。沒時間、工作忙、放不下，這些都是藉口。訂個目標和期限，給自己一個動力去完成，順便也可以訂出計畫時間表，鞭策自己賺錢完成夢想旅程。

> ❝ 旅行不需要長時間，3天、一個禮拜也能讓你的生活有不同的體悟
> 簡單的旅程就能達到生活充電的效果。 ❞

「到底要怎麼去完成一次迷路旅行？」我和弟弟屠浩（餅弟），「浩潔重生」的旅程，走的是超無計畫STYLE，想到哪就去哪，當天決定當天走，隨時都可以出發。

3歲開始一個人坐飛機、9歲和媽媽去新加坡自助旅行、15歲一個人出國遊學、接著就是歐洲、美國、澳洲、亞洲，一次又一次的旅遊經驗，一直到22歲，有機會赴瑞士SHMS攻讀專案管理研究所，便在歐洲努力的開創「迷路旅行」的旅行STYLE！我一直都喜歡也習慣了一個人旅行，這場兩人同行的姐弟旅程，是對自己旅行習慣的挑戰也是突破，它或許會為我帶來前所未有的體驗，但這趟旅程也因此更具備了「迷路」精神，不預設立場，試就對了！

於是，我領著家中成年男子→剛滿18歲的弟弟屠浩，一起踏上迷路旅行的道路。

對我來說，這不只是一場旅行，更是一齣為「姐弟之愛」走天涯的戲碼；如果這趟親情旅程的標題，對正在翻書的你來說太過灑狗血，那就把它當作迷路旅行分享教學吧！

旅行家，一旦踏出腳步，就不
要回頭，去開創屬於自己的道
路吧！

You'll never know untill you get lost.

路癡才能懂的
歐洲小事

"The world is a book and those
who do not travel read only one page."
— St. Augustine

古羅馬思想家奧古斯狄尼斯説：
「世界是一本書，而不旅行的人只讀了其中的一頁」
屠潔説：
「世界若是一本書，
那它的作者就該是諾貝爾文學獎的得主吧！
太厚啦！不看了啦！」

APTER TWO
Stockholm
Copenh.
LATVIA
MARK
LITHUANIA
Berlin
POLAND
BELARUS
Kiev
E U R O P E
CZECH
UKRAINE
RMANY
SLOVAKIA
MOLDOVA
AUSTRIA
HUNGARY
SLOVENIA
ROMANIA
CROATIA
Black Sea
B & H
ITALY
SERB.
BULG.
Bari
MONT.
Sofia
Istanbul
Ankara
MAC.
Rome
Izmir
ALBANIA
TURKEY
Palermo
GREECE
Adana
SYRIA
Athens
CYPRUS
Valletta
LEBANON
MALTA
ISRAEL
Mediterranean Sea
Palest.
Alexandria
JORDA
Benghazi
Cairo
Al Jizah
Tripolitania
Red
Asyut

LOST IN PARIS

巴黎 那個喧鬧、吵雜、
到了夜晚令人陶醉的城市

| 我們該分房睡？分開？好啊！ |

小心的領著我弟進行他人生第一次的自助旅行，我不知道第一次就帶著他「迷路」，口味是不是會太重。表現出我的民主旅行態度，讓他選擇了開場的城市：到處都是鐵塔形象的「法國巴黎Paris」。

第一天蹦下了飛機，決定先去第一家青年旅館，殊不知它竟然客滿了！開春第一號就馬上來個彈性示範，當機立斷投奔第二家價格低廉的青年旅社，雖然三天晚上都沒辦法和我弟同房睡覺，但我覺得這也不失一個好機會。

旅行有很多優點，「獨立」和「交友」這最棒的兩大益處，在和親戚朋友一同出遊時，幾乎會不見蹤影。身為一個旅行中的領導角色，分開睡這件事情除了能夠讓自己晚上睡得更好、不用顧人之外，身為「跟隨者Follower」的人才能自然而然脫離兩人小群體的依賴感，得到和新朋友接觸的空間，也更能一直保持對周遭環境的高度關注和興趣。身為姐姐，我是樂於遇上這樣的「分房」事蹟的。

每一天，大概就是這樣彈性規劃行程。優點是，聽到新的idea或是有一些可遇不可求的祭典可以馬上調動前往，比較不會被行程綁死；但也有缺點，若是不熟悉這種旅遊形式的人，剛開始往往會在櫃台花很多時間去「討論」和「篩選」要去的地方，反而比那些早就把行程規劃好的人浪費更多的時間。這也是一個很棒的時機去學會並體會「果斷」的重要性。你是要當下做決定，還是繼續耗時間在這裡猶豫？

迷·路·旅·行 / TIPS

【S.O.P.】

1. 一到達目的地，找到下榻的旅館。
2. 安頓後馬上詢問旅館是否有地圖以及當地是否有特殊節慶。
3. 尋找最近的「i」旅遊服務中心，找尋當地資訊，若時間已晚，則先問旅館櫃台或是服務處有沒有什麼推薦的觀光路線或是當地人才知道的好餐廳。
4. 得到資訊後，比對自己的「非看不可」名單，是否有重複的部分，若是有，天氣時間也允許，則選日不如撞日，立即出發！
5. 當日回到YH青年旅館後，一定會到交誼廳或是和同房的人交流旅行心得，可以獲得很多不一樣的、第一手的旅遊資訊。經過消化溝通，再確認明日行程。

巴黎鐵塔無所不在的侵入所有來到法國的旅人心中。

姐弟旅行開始，出發時的心情

來到了巴黎，我想像的浪漫情景一浮現眼前，但是第一天就遇到找廁所的問題，進去還要花50cent歐元，搞什麼鬼？40x0.5=20台幣—我可以吃一袋滷味耶！氣死人的不只這個，我原先以為我姐提倡的迷路旅行是指可以自由行的遊走、不受拘束、與世隔絕的高級形容詞，結果還真的是「迷路」旅行！兩人傻乎乎的在找「i」的記號，走一走還不小心到了一個聽說很有名的噴水池，最後竟決定去超市買餅乾度過悠閒的下午？那當初出發前的旅行叮嚀和約好要看的景點呢？大姊他竟然還一副老神在在的樣子！我以為這已經夠瞎了，殊不知只是冰山一角，晚上才刺激，第一次跟姐姐出來單獨旅行，就要我跟一群不認識的老外住……還有邋遢到爆的怪叔叔（畢竟是青年旅社，一分錢一分貨！）救命啊啊啊啊啊！

餅弟有話要說

艷陽高照的好天氣加上對羅浮宮狂熱的觀光客，在外面噴水池泡泡腳是最法式的愜意。

| 行程看天氣、心情看自己：羅浮宮 |

浩潔重生，第一天我們決定奔向名氣最響亮的羅浮宮，無論如何這幾天必訪的景點之一，匆匆問了櫃台接待人員後就直接出發。巴黎地鐵圖滿滿的法語，幸好之前在SHMS念的法語終於在旅途中派上了用場，簡單的詢問到該走的方向。餅弟用一種崇拜式的眼光看著我講這段不流暢的法語，這是一個最直接的方式讓他體悟：語言，能多練幾句就多練吧。

羅浮宮，當天的艷陽高照帶來了大排長龍的觀光客，光是要擠進去那個知名的玻璃金字塔就花了我大把時間。烈焰不只點燃了我排隊的煩躁，也帶來了爭吵聲，八卦天性讓我和餅弟不自覺的回頭聽……

有一對夫妻帶著兩個孩子在後面等待買票。但兩人卻不知道因為什麼因素開始大聲的對罵了起來，而且是用國際語言：英文。全部在大廳等待買票的人，幾乎都聽得懂他們對話的內容。

「我真的很後悔我當初為什麼嫁給你！」
「什麼？我才懷疑我為什麼要跟妳一起來這裡！」
「就是因為跟你在一起，我的生活變得很不快樂！」
「Wow，是這樣嗎？那是我要說的話吧？那現在怎麼樣！？各走各的啊！」

吵到後來，變成大聲的咆哮！兩人各自帶著的孩子超尷尬的看著兩人，一直試圖用手勢告訴他們，全售票大廳的人都在看著他們。孩子看起來也很大了，至少是國高中以上的懂事程

> 旅遊的心情由自己來訂!
> 保持愉悅的心情比什麼都來得重要!

度,不斷地勸著他們的父母。但是這對夫妻全然不覺,沉浸在自己的對罵之中,最後,媽媽哭出來了!而且一邊哭一邊怒罵的很大聲,我沒有看完結局如何,買到了票,就和餅弟快速地進入博物館了。

人都有好奇心,但我想這不是一件值得我們停下旅程計畫去駐足欣賞的一件事。

這一對夫妻完全犯了迷路旅行的最大宗旨:「旅行時,心情保持愉悅!」這才該是旅行最重要的目的。也許你的旅行充滿了Shopping行程,可以!你喜歡開心就好;你的旅行拼命的找尋美食,可以!也許這就是你的人生精神食糧;每個人的喜好不同,也有不同的旅行風格,但是千萬要維持愉悅快樂。在大庭廣眾之下把家醜的事情掀開來大聲喊罵,除了失了面子,整個旅程心情也毀了。忍耐也許很辛苦也很煎熬,但是過了那個時間,能更夠心平氣和去談,也許效果會很不一樣。

很明顯的,我和餅弟帶著看戲的心情望著他們,仔細的聽著他們爭吵的對話,而且我還把它寫下來,其實都只是一個「好奇」和「反正不關我的事,看個熱鬧吧!」的心態。人都到了國外,幹嘛被別人看笑話!做自己心情的主人!尤其在旅行中更是重要!

當然,選擇要在什麼地方使用你的旅行時間,在相對有時段限制的旅行也是很重要的,看人爭吵這一點都不值得!回家看鄉土電視劇,吵的還比它兒又精彩!

狩獵女神V.S.浩潔重生

｜ 自己的旅行亮點自己想：雕像Style ｜

進入羅浮宮後，又再次進入一個迷路的狀態，羅浮宮是呈現一個U字形的建築，雖然有導覽地圖，但秉持著路痴的堅持，就算看著地圖走也一定會走錯路，索性就跟著人群和大指標移動了。

很多人不喜歡看博物館和美術館，但是我的旅遊行程中通常一定會排上個一兩天，首先當然是興趣，再者我是個愛聽故事的人。我不是一個對畫，或是對藝術特別有感應的人，但我很喜歡聽故事。博物館本身就是一個故事的集中營，除了建築本身有故事，裡面收藏的作品也有作者們想說的話。

朝聖羅浮宮鎮館三寶：「蒙娜麗莎的微笑、斷臂的維納斯、勝利女神像」。

其中尤其是「蒙娜麗莎的微笑」真不是蓋的，堪稱這世界上最多人搶著看她的名女人，原本的失竊風雲、畫作真假與否就已經相當惹人爭議，加上她那一抹難分男女的微笑和知名小說家丹布朗的故事渲染力，現場擠得水泄不通！重點是，蒙娜麗莎的原作其實很小幅，又用防盜玻璃和紅龍隔開了一大段距離，事實上根本看不到畫作的細節，但每個人看到蒙娜麗莎都像是看到了明星一樣，激起了所有人的狗仔本能，相機咔嚓咔嚓閃個不停。

此起彼落的相機聲，
這絕對是我看過最大型、耗時最長的世紀記者會

餅弟並不是一個特別喜歡看博物館的人，兩個不懂藝術的人湊在一起看畫，看多了難免無趣，因此我們就在這樣的一個世界知名藝術館開始了我們自己籌劃的「雕像Style」比賽。其中當雕像超過一個以上的動物時，我們就必須要求助於他人了。雖然事有點丟臉，這時候真的深刻體悟到：「願意在大庭廣眾之下陪你一起做蠢事的人，才是True love」。

在這邊是要鼓勵大家，國外旅行，其實就像是我們在台灣從自己熟悉的城市到另一個城市去旅行一樣。從台北到高雄玩、從台中到台東去、從花蓮到嘉義，從一個熟悉到未知的環境，會有兩種模式可以選擇：

1. 保持新鮮新奇的心態：

則你不管看到什麼都會尖叫的跳起來！什麼都像是新的一樣，從沒見過的，這樣叫久了也許三天後你會累就會進入第二個模式。

2. 看到什麼都很淡定淡然：

旅行的時間一但拉長，難免會直接進入「喔！這樣喔～」的反應模式。當這個模式開　的時候，建議你可以給自己的旅行一個目標和方向！這目的可以大，也可以小，可以很有意義，也可以很無厘頭，只要「你願意去做」就好了。

有的人在路上收集別人的故事、有的人拍紀錄片、有的人和陌生人交換Free hugs（免費擁抱），而我和餅弟，屠潔和屠浩決定在各大景點BBox以及和各類雕像模仿合照來增加我們旅行的樂趣。自己創造你的旅行亮點，給自己的旅行一個主題吧！

羅浮宮Musée du Louvre ▶ 位於法國巴黎市中心的塞納河邊，建於12世紀末的羅浮宮原本是皇室的宮殿，經過數次的改擴建與宮殿遷移後，1981年正式成為現在的羅浮宮博物館。藝術品收藏高達3.5萬件，包括雕塑、繪畫、美術工藝、古代東風、古代埃及和古羅馬希臘總共七個分類。一個博物館，可以看完全世界。羅浮宮博物館更在2012年4月英國《藝術報》(The Art Newspaper) 的調查統計拿下2011年世界參觀人數最多的藝術博物館No.1。

| Mr. & Ms. 這邊的菜單價格內含Service & View |

在羅浮宮幾乎待了一整個下午，離開的原因就是因為腿太痠了，太太真的逛不完，若要認真走並看完整個羅浮宮的作品，恐怕是要待上個三天了（他們還真的有賣不同天數的票！想去的人可以針對自己的需求斟酌購買！）離開後，隨意的在廣場找了一家旁邊的咖啡店坐下，一杯果汁10歐元，一杯冰咖啡7歐元，總算見識到巴黎的酒水飲料價格了。

事實上，去到法國的超市裡一瓶果汁的價格絕對沒這麼驚人，但貴就貴在有人服務；貴在那果汁裝在漂亮的玻璃杯裡，還有那遮蔽烈陽的陰影和廣場的悠閒景致。

法國人對於生活的享受態度，花錢買環境、買悠哉，他們認為很值得。花一筆錢，讓心裡更愉悅，看美麗的風景，沉澱情緒，我和餅弟也開始入鄉隨俗了起來，想辦法去體驗，讓我們看起來更像周遭的那些當地人。當然，畢竟我們還是窮學生，這樣的愜意總還是讓我們帶有心痛的感覺，不過既然是非常態、錢也都花了，戲就做足吧！

不只是在國外，在我們生活中餐點價格含景觀在內是再自然不過的事情了！這個地方的菜單不只是提供美食，更販賣隱藏菜單：「享受的愉快心情」。

| 停、看、聽：和當地人一起做！|

為了體驗當一個當地人的感覺，我們沒有漏掉市井小民必備的日常超市景點。根據我在瑞士的生活經驗，超市可以給我們一頓經濟實惠的晚餐，來平衡一下剛剛在咖啡店裡多花的預算。

餅弟興奮的開始跟我搭配那些隨手可以作成晚餐的小東西。軟起士、歐洲特有的棒狀酥脆餅乾、海鮮、醃肉片、麵包還有飲料，正當他開心的說：「天啊！這些全部加起來才15歐元，我們兩人就可以吃的超級飽了！」而絕佳的晚餐位置就在「公園噴水池」！

一堆人圍著這個公園的巨大噴水池，更有趣的是，噴水池旁就準備了可以移動的躺椅和座椅供民眾任意移動使用。有人對著噴水池看書，有人純聊天，也有人是一家老小帶來野餐的。我們馬上就融入這個以天地作為裝飾、噴水池的嘶嘶水聲作為背景音樂、周遭的當地人彷彿是電影的佈景一般的天然免費景觀餐廳，享受成為當地人的那一刻。

> 66 迷路旅行就是，不論看到當地人做
> 什麼事，在訝異完後，默默的融入
> 「一起做！」 99

體驗、融入、內化，把喜歡的留下來轉化成自己的風格。

｜觀察環境與環境互動的能力：街頭藝人（法國巴黎）｜

這一兩年很流行的一些人種，我們稱之為「文青」──文藝青年。我從來都沒有認真的覺得自己是個文藝類的人種，不過是在演搞笑喜劇的時候偶爾調侃一下罷了。但是一旦開始旅行，建議大家把文藝的思維雷達放到最寬的範圍，或許會發現，那些看似很遙遠的時尚、設計、文化、異國風情其實無所不在。

搭上了地鐵，隨著嗶嗶嗶的城市地鐵車廂一出一進，帶著薩克斯風的「地鐵藝人」在車廂裡高調的表現他的音樂素養；在小火車上，帶著手風琴的叔叔為這個國家的生活添增了這麼些音樂性。街頭藝人對於外國人來說就是很一般的生活，不需要特別有一個「藝文特區」，也不需要有一個固定的街頭藝術區，在任何一個街頭、或是隨意的轉角處就能看到為了自己的生活和藝術發聲的藝術家們。每個國家對於街頭藝人的管制不盡相同，但無論如何，在旅行中我是很感謝這些藝術家的，他們為這個城市的呼吸脈動增加了音樂的美感。在每一個移動、一個腳步、一個眼神，都彷彿有了節奏在跳躍，音符有的時候更能刺激我們看到每一樣事物的感官感受。

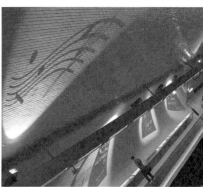

我嘗試的去訓練餅弟對於周遭環境的反應，同時也是訓練「新鮮感」。一看到某項事物，能夠馬上在腦子中找尋對比的環境，從中尋找樂趣。比如說，在地鐵裡面的廣告和裝飾不只是一般的海報，而用投影燈打光的方式，為夜晚增添光影的迷濛感。當下看也許在那個國家覺得很正常的事情，但搬回到自己家鄉的時候才發現那是一種獨特的創意，並非理所當然，所以說，我堅信旅行的過程可以增加一個人的創意思維，去接觸一些你從未想像過的事，然後開發有別於他人的想像。

> 呼吸著巴黎的設計感，接觸著藝術的氛圍，
> 觀察發掘並且嘗試融入他們的節奏。

| 讓人癡迷讚嘆的凡爾賽 |

豔陽高照，我和餅弟不加思索便決定直接前往凡爾賽宮，據說那是一個需要一整天行程才可以好好逛完的皇宮莊園。不過，我體悟到的是，這些熱門的知名景點幾乎都是把時間花在「排隊入場」上。

當一個自助旅行又不愛查資料的懶惰玩家來說，最可怕的後果就是有長長的隊伍要排，花費了大量的時間等待進入門口的機會。其實在歐洲的很多地方，尤其是大城市的重要景點有「網路預約」制度！身為一個稱職會做功課的觀光客，是可以在網路上先行訂票的。但你必須確定你哪一天會去參觀，更細的可能是你哪個時辰會到達該景點。對於一個禮拜或是三五天的短程旅行遊客來說，分秒必爭，這會是個好方法！！但對於迷路旅行的人來說根本是Impossible！

凡爾賽宮就如同那些歐洲的宮殿一般，就是「皇室當時鋪張浪費→導致現在遊客才能看得如此癡迷讚歎」。但很棒的是凡爾賽宮裡有中文導覽，在聽解說的時候，很多故事細節都能清楚地了解！雖然語言聽得懂，但有一些莫名的邏輯還是讓人很難理解。像是路易十六的寢殿外有一個牛眼廳，但裡面完全空無一物，沒有任何家具。據說在那個年代，國王起

奢華的鏡廳除了大氣的大面落地窗、垂吊的水晶燈外，就剩避都避不開的觀光客們了。

床的時候有起床儀式，睡覺前有就寢儀式，所以大臣們都會在這個廳室等待，直到他們的國王清醒或沉睡，廳裡當然就不需要陳設家具。我覺得這個想法實在莫名其妙！連睡覺都被干預，難道不會睡得很有壓力嘛？當國王也太累了吧！一堆人等在門口，穿著睡衣眼角都還是眼屎，大家卻早就萬歲萬歲萬萬歲的準備朝拜。

凡爾賽宮Château de Versailles ▶由法國國王路易13在1624年建立的行宮，數次修建後在1833年修復改建成為歷史博物館。整個凡爾賽宮為古典主義的風格建築，其大理石庭園、知名的鏡廳與水晶吊燈、噴水池景觀等，讓凡爾賽宮不但成為巴黎的觀光重點，其歷史及藝術地位，也讓這座法國的王宮在1979被列入世界文化遺產名錄。

在凡爾賽宮中的時尚裝置藝術,在舊的宮殿裡放上新的設計元素,讓宮殿的一致性華麗中添增了不少樂趣,更讓參觀者不會因為「相同感官刺激的過度疲勞」而在參觀後期產生疲勞心態。

不過,要說到最最最吸睛的部分,則屬裝飾在裡面的現代藝術了。在這個以古蹟聞名的凡爾賽觀光勝地,有很多新興的裝置藝術擺設在其中。舊和新的藝術設計,竟意外的沒有什麼違和感,反而增添衝突感的趣味性。

在一趟旅程之中,面對一件事情,心裡通常會漾起兩種不同的聲音。「接受它、順應它、去享受純淨欣賞的感受」或者「提出質疑、以自己想法做獨立批判的感受」。面對新時代的裝置藝術融合在歷史建築之中,我選擇接收而不去多做思考和批判,就單純的享受美感。其實似乎也不用時時刻刻做一個深度思考的人吧,思考只需要對自己負責,不需要刻意的去說出那些「文藝青年」的話。沒有人監視我的腦袋,就依照自己的心意自在地思考吧,即使要寫成書也不要為賦新詞強說理,就是要恣意地做自己最想成為的樣子。

說到真實的感受,我真的覺得凡爾賽宮實在大得太誇張,一面參觀就一面幻想「如果路易十六來我家,一定覺得超窮酸的……我的一個家大概只是他一個廁所的總面積吧?」

| 迷路才有的草地悠閒時光 |

凡爾賽宮最令人陶醉的角落絕對是──「凡爾賽宮湖邊草地」！這次的旅程之中，有個不小心達成的每日固定行程：「草地悠閒時光」，每天約半小時到一小時，到下午時間就尋找一個不錯的草地，倒下睡覺。

來到凡爾賽宮的湖邊草地，我以為清一色的觀光客應該都會很趕時間，但是我錯了，即使在這樣一個知名而且入場需付18歐元聯票門票費的觀光景點，太陽、草地仍然召喚著大家迎接他們的懷抱，日光下遍地的人。大家都很有默契的開始野餐，鋪著似乎早就未雨綢繆好的大餐巾躺下，時光的流動瞬間變得緩慢，剛剛被導覽聲音催促著移動腳步的緊湊感似乎也都不見了。

夢想中的湖畔、席地而坐的人群，躺著肆意浪費時光、享受時間的流逝。
不論預算，所有的旅人所能擁有的時間都是相同的，何不盡情的隨意使用呢？

我想我們都需要這樣沉靜的時光。

特別是在旅行的時候。

旅行是放鬆，

丟掉那些官腔、大聲嘶吼、別再為了時間而緊張。

66 You don't need it during your trip.
Relax, feel nothing. 99

｜夜晚左岸，戶外獨有的輕鬆浪漫｜

透過音樂、電影、無數小說詩詞以及一個個的廣告詞塑造，
「左岸巴黎」常常給人許多幻想。巴黎，用一條浪漫的塞納
河一分為二，左岸右岸像是牛郎織女一般被隔開，只能遙遙
相望、各自發展。因為這條來自銀河的鴻溝，創造了兩種不
同的巴黎風貌。左岸，巴黎的知識份子精神指標；右岸，奢
華的人文風情。一直被咖啡廠商不斷炒作的左岸咖啡，便是
在這個藝術家、詩詞家的創作靈感尋找處創造出來，其中百
年的老店雙叟咖啡和花神咖啡，更成為「觀光客的朝聖景
點」。

沒有特別的搜尋路線，只問了問人，請人推薦哪裡有不錯的
咖啡廳，便傻傻的走進一家咖啡館。全然不知我們正茫然的
走入知名的「雙叟」咖啡館！只覺得路過時的人群絡繹不
絕，甚至還疑惑著為什麼在左岸的咖啡館卻「看不見塞納
河」。

點了份晚餐、咖啡、熱巧克力，對於在瑞士念書的我，坐在
窗外的座位是最自然不過的風景，看著夕陽落下，路燈亮
起；但對於餅弟來說，卻是一份很新奇的體驗。我們面對的
是一個毫無景色可言普通的十字路口，對還未遠行過的餅弟
來說，他只不過是匆匆城市路口中的一員，未曾「凝視」過
這種平凡的人潮熙攘，現在身在其中才發現，原來「平凡」
只要專注的享受，也有種不凡的魅力。

在巴黎，應該是說整個歐洲，十分盛行「戶外」的概念，公
園的草地時時刻刻都有著野餐看書的人群、餐廳外的座位總

是客滿的比室內的快，在巴黎，室外的座位「自然風」服務
費價格甚至還比「安穩、不用擔心防曬、裝潢華麗」的室內
高了一些。享受自然、不受拘束對於當地人而言，是一種理
所當然的生活態度，但對於很多亞洲人來說，卻只是「體驗
看看電影中的感覺」，彷彿自己也是一則景致。我並沒有不
喜歡這樣的想法，也不覺得亞洲相較之下的拘謹有什麼不
好，我們也有很多西方學不來的文化，像是發自內心的「禮
貌」態度、對事事恭敬如儀⋯⋯，其實只是認知的文化和相
信的觀念不同罷了！

曾經在火車上遇到一個來自羅馬尼亞的女孩，她不解的問
我，為什麼亞洲的女孩子在大太陽的時候也要撐傘？為什麼
在天氣好的時候要坐到咖啡廳裡最角落的陰暗位置？在看她
們看來不合理的狀況，我卻能輕鬆的解釋──即使我不是那
樣害怕曬出斑來的女孩，但相同的生長背景的我卻能輕易的
理解。

❝ 出來旅行，不要只待在自己的國家裡面，
看的事多了，了解的文化、宗教理念更廣
了，這種「理所當然」的概念或態度也才
有碰撞、考驗的機會。深入地去了解、比
較過後才挑選出來的「自己的信念」也才
越能深信並堅持下去。❞

戶外的座位，心中滴咕著，這個景色似乎沒什麼
特別，但回頭一看，喝咖啡的人潮，拿著攝影機
經過的觀光客，原來我們就是巴黎街景。

| 搭地鐵逃票？ |

夜晚的巴黎：街道燈光、塞納河畔佐上外國臉孔、間斷中依稀聽得懂的法語。巴黎一直被觀光客喻為浪漫之都，但同時也是觀光客被竊率最高的城市之一。在感嘆著法國當地人的「不守法」時，我也發現一件有趣的現象──「逃票」。

在歐洲大部分的國家買公車票或是地鐵票時，不像台灣要插卡入月台，他們大部分是沒有票閘門限制的，巴黎這樣的城市某些大站還是有這樣的閘口的，但有些街道小站走的就是「天地良心路線」！搭車的人自己要有「使用者付費」的概念，搭幾站，自己買票，很偶爾的狀況下才會遇到查票員。

進出地鐵的自由度，考驗著人性的信任度；自由卻不是毫無規範，必須靠良心去界定。

先前在網路上看到有人分享一些「旅行逃票小撇步」，甚至還「貼心」的告訴網友怎麼樣應對查票員的方法。這次帶著弟弟出門，第一次他看到這樣的狀況時他問我：「這樣怎麼管制？這麼多人，如果沒有閘口，怎麼知道他有沒有買票？其實我覺得這種概念就像是台灣的教育體制一樣，如果沒有考試，你怎麼知道學生有念書？這種「為了怕被檢查，所以一定要去買票」的心態，讓我們所有的「抓包」檢查機制相當完善！

在國外，他們從小的道德教育概念就是「使用者付費」，這已經不是良心問題，而是在腦中根深蒂固的事！搭車買票是理所當然的吧，沒有必要考慮有沒有檢查這件事情啊！當然也不是說真的就沒有外國人逃票，旅行這麼久，還是曾看到本地的年輕人逃票被站務員追著跑的狀況。無論歐洲的地鐵票和火車票有多貴讓我花得很心痛，即使迷路旅行的預算很拮据，這種錢不能用非法的方式省。當我這樣告訴餅弟的時候，希望他不覺得我太八股。

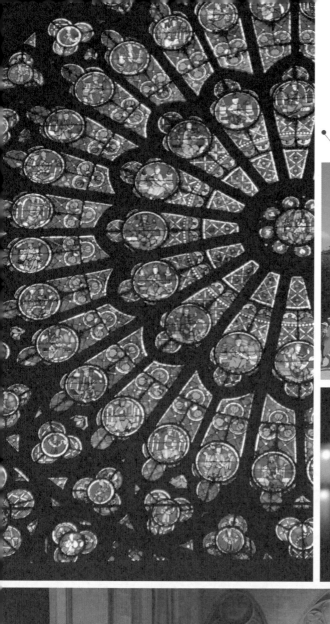

巴黎聖母院：莊嚴的蠟燭擺飾、五彩繽紛的玻璃窗彩繪，莊重的彌撒，我肅然的感受到一個宗教的靜謐力量；即使身旁塞滿著擁擠的觀光客，迴盪在聖母院的依然只有神父清晰的祈願聲。

| 一個城市的知名景點──揭開記憶中圖像的真正面貌 |

關於迷路旅行應該要走過的地方，我一直都堅持著「旅行想去哪裡由你自己決定！」不應該被所謂的「TOP 10」的數字所迷惑，更不該被旅行社掌控，或被官方置入性行銷後規劃路線主導。但還是不能否認，某些知名景點之所以聞名，就是因為它廣泛的在人們的記憶中有個位置。

巴黎這個城市孕育出了很多知名景點，不論是電影、歷史故事、小說，還是各種不同的原因。巴黎聖母院是一個被雨果小說提及，經過音樂劇、電影、迪士尼卡通塑造過後，在我心中不得不朝聖的一個地方。而在心中對於這個景點有了自己解讀的故事和面貌後再去觀看，得到的是完全不同的風貌。

旅行，有時候只是單純的想要一個真相，解答心中對這個城市的疑問。到了巴黎聖母院雖然一解我想像的渴，但觀光客實在太多，讓我心情有點小受影響！排隊、擁擠的感受，讓聖母院的莊嚴感立刻降了好幾個百分點。不過進到聖母院後，運氣還算不錯，正好遇上了彌撒的時間，整個聖母院裡面迴盪著神父的祈禱聲，滿溢的觀光客映入眼簾，但意外的沒什麼吵雜聲。

聖母院的全數位化導覽也相對人性化很多，對旅人來說相當貼心。

從小對於故事從不挑食的我，對於聖經中的故事也算熟悉。我常常在看著牆上的壁畫和彩繪玻璃窗的圖樣時，都會有一種感覺：這簡直就是傳統式的「聖經故事油畫競賽」嘛！一樣的故事，不同的人，用不同的筆觸，不同的觀點呈現出來，其實很有趣。想想以前的藝術家們也蠻可憐的，畫來畫去都在這些主題上轉圈圈，不跟著宗教故事畫作就不容易賣，只能在一樣的畫面和主角上，尋找光線、角度、顏色的改變。不過這很對我的胃──我特別喜歡比較這些畫作的異同之處，即使這些對於某些特別來到聖母院的人來說，根本是不該注意的重點。

聖母院Cathédrale Notre-Dame ▶由1163年修建的巴黎聖母院廢棄了一段時間，在雨果小說出版後，幾乎是在「毫無預警」的狀況之下一炮而紅，再次被世人所關注！每個雕像的故事、每天的四次彌撒和一次晚禱的時間，每年吸引了1400萬名遊客到聖母院裡來。在中央十字架的後面，據說藏著一位14世紀主教的棺木，號稱全世界最老的一個。

| 甜點瀰漫 V.S. 不留神的慘案 |

巴黎街頭總是有許多吸引人的甜食，對於我這樣一個甜點控來說，完全無法招架。常常跟著櫥窗裡面的精緻甜點，或者乾脆就跟著味道走！再加上如果妳擁有充分的迷路精神，或者旅伴是個不折不扣的美食控，說變就能隨意變的行程，常常因為這些迷人的咖啡店停留。

一個城市的味道，巴黎的浪漫和漫步下午茶風格造就了處處都是精緻小點，但千萬要小心因為甜食蒙了眼，眼光就完全抽離手邊的貴重物品，竊盜案件就跟著上門了。巴黎，一直都被全球的觀光客封為「又愛又恨」的城市，浪漫充滿歷史故事之於，扒手小偷也很猖獗。以下是我這個自封旅行家，卻在第一次帶弟弟出國時候發生的慘痛故事。

有人曾經說過，如果你越擔心著什麼事，你越是想著它、心心念念著它，那麼根據吸引力法則，這件事就真的會成真。這次的旅行，對我來說算是旅行示範教學，我把屬於我的旅行哲理和招數全數教給弟弟屠浩，因此更加小心不犯下旅人容易疏忽的錯。在去巴黎前，就非常擔心智慧型手機被偷，我向來非常注意旅行安全，尤其截至目前為止，我的迷路旅行有85%以上都是一個人，一個人出門有一個人的警戒範圍，但兩個人出門往往容易讓人鬆懈，會有「反正就算我沒注意到，另外一個人總會看到的吧？」的依賴心理出現。

就在待在巴黎的最後一天，我心裡想著：「只是自己嚇自己吧？其實巴黎也沒這麼危險，用不著這麼神經質，好好享用甜點吧！」因為看到冰淇淋+熔岩巧克力蛋糕而完全失去理智，拿出手機開始錄影後，一個不留神，把智慧型手機放在桌子上。

兩位看似十分具有書生氣息的年輕人，講著超快速法語，突然向我們推銷並在桌上放下一張他手上的傳單，我抬頭，一時之間反應不過來，只好用著彆扭的法語跟他說我不需要。對方便從容不迫的將桌上的傳單取走，接著他的搭檔在桌上

渾然不覺危險正逐漸逼近的兩位認真地拍著食物

原以為愛國表現的T恤，反而成為我們被盯上的關鍵

放了另一張傳單要我參考便離開了。毫無警戒心的我還將傳單拿起研究老半天，等到要結帳時才發現，放在桌上的手機消失了！！！

回來分享這個「痛失兩萬元台幣和一堆照片回憶」經驗的時候，通常在台下聽的人的反應都是：那是妳太笨了！怎麼可以去巴黎把手機放在桌子上呢？那根本就是「來偷我吧！來偷我吧！」的訊號。對！現在想起來真的很笨，也很氣自己怎麼可以這麼不小心。我也曾經辯解，在台灣我們吃飯時不也常常將手機放在桌子上嗎？我把旅行當作生活的概念，為什麼要在旅行的過程中戰戰兢兢的呢？

但是，我的手機眼睜睜的在我的正前方被盜走了。那位斯文氣息的男生，在放下第一張傳單在我面前時就已經做好打算：傳單蓋住我的手機→一大串艱深的法文→等待我拒絕→拿回傳單（以及迅雷不及掩耳的順便拿走底下的手機）→同夥立刻在同一位置蓋上另一張傳單→從容離開！避開大聲嚷嚷、動手動腳、而且還可以緩步離開的優雅盜手機手法，就這樣毀了我一個下午和接下來連續三天的心情。

● 準備好的字條完全沒辦法表達我心裡的鬱悶！

| 自己的旅遊心情自己救 |

我的心情實在大受手機失蹤這件事情的影響，特別是這次旅行自詡「領航者」的人，怎麼能夠容忍這樣的錯誤示範發生？但是事情發生仍然要處理，快速的打回台灣要求停話停機，雖然一肚子火和懊惱，最後我還是嘗試冷靜地繼續完成當天的姐弟旅行，盡力不讓心情受太大的干擾。

不過，剛落失手機的這段時間，心情真的最難熬。

手機的「人生走馬燈」不斷的出現在我的腦海裡面，念頭一轉，決定到一個可以散心的地方——路人推薦的塞納河畔人工沙灘區。在旅行當時，2012年的巴黎正籠罩在歡欣鼓舞的氣氛之下，距離不遠的城市倫敦正在舉行世界的運動賽事奧運。在路上隨處可見大型的轉播器材和熱愛運動的人們躺在特殊規劃的區域，為自己支持的隊伍加油！頂著大太陽，

迷·路·旅·行／TIPS

「扒手不要靠近我！」防身小密技

1. 絕對不要像我們兩個傻瓜，在身上就明確的告訴大家「我們是觀光客」，行事盡量低調，不要大聲用母語嚷嚷

2. 雞蛋不要放在同個籃子裡！錢一定要有兩三個放置的地方，被偷走了一個不至於全數皆失。

3. 值錢的物品盡量維持「貼身」狀態。

4. 遠離暗巷。

一面做日光浴，一面跟著群眾一起開始激動的夏日盛宴！碰上這樣的事情，應該是要很興奮地衝進去一起叫囂狂歡，我做了，但是總覺得腦海還是不時閃過手機被偷的畫面，心情起起伏伏，像是雲霄飛車一樣。

> 66 作為一個旅行家，
> 「健忘」是一件很重要的功課。 99

意思不是要你忘東忘西或是冒冒失失，而是要懂得「選擇性失憶」。又或者說，如果沒辦法失憶，就要懂得看開。

看開是我還很需要修煉的功課，事件發生的當下，總是無法淡定，常常把自己逼到死胡同裡！現在回想起來，也許是因為時間遠了吧，可以輕鬆地笑一笑自己當時的愚蠢和不注意，但那時，一心一意只著急想著手機裡的資料全部報銷了，一項3C產品、一萬多台幣，全都從從身邊飛走了。這件事不僅使我的情緒蒙上陰霾，最可怕的是，它也間接影響到我的旅伴餅弟的心情。

體貼的旅伴並不多說什麼，不落井下石，舒適的在人工沙灘上躺下，靜靜地讓我調節自己的心緒。

戶外的免費奧運賽事大型轉播牆，只能說好天氣、好賽事，還要搭配好心情才能盡興。

在這個旅遊書上都不會告訴你的塞納河人工沙灘，我看到了巴黎人的愜意「與其懊惱城市沒有海灘，不如就自己做一個吧！」的浪漫情懷。看著夕陽，心情也不禁放鬆了下來，失去的東西不會回來，但心情呢？我要因為這件事情，讓剛開啟的旅程就這樣蒙上「不開心」的色彩嗎？我才不要！旅行是為了開心、是為了開啟新的窗口、也許也是為了教會我怎麼面對調節這樣的情緒！我決定把懊惱的心情留在這個人工海灘，然後帶著歡愉的心情去看巴黎鐵塔燈光秀！

66 時間跟沙子一樣在流逝，物質也是，
但是好的心態會跟著我一輩子！ **99**

無奈陪伴失意又生氣的姊姊，
身為一個一起旅行的弟弟一點也不容易。

　　我本該要嚴肅地聊這段故事的，但是我在這裡想狠狠地吐槽一下，這位大姐，你教了我如何藏錢、塞行李、讓身防扒手眼觀八方十六式防被騙，結果在吃飯時被拿走手機真是讓我很傻眼，雖然我沒看到也很瞎，不過那個愛鳳可是在你面前被「整碗端去」（台語），看到後來你很失意的樣子，才真的不忍再吐槽你。

　　不過其實後來我很感謝你，感謝你為了讓我保持旅行的心情，壓抑了自己的那份不甘心與鬱卒。從去人工沙灘的時候，你從原本氣炸了的心情轉化到鬱悶，再從晚上的鬱悶到平靜不太說話，一點一點都是在為旅行的氣氛容忍你的負面情緒。

　　從這次經驗，我學到這就是旅行的一部份，你會帶走一些東西，也會遺失一些，就算你能防範到如何精密，那些遺漏的還是會離你而去，但同時我們得到的是一個被騙的警惕以及不滅的記憶，那是一段十年或二十年後，我們都能回頭望而會心一笑的故事。

餅弟有話要說

STEP 2.2
LOST IN BRUSSELS
布魯塞爾 整個城市就是
ROCK CONCERT

| 和旁邊的朋友把路放在嘴巴上一起走：享受交通時間 |

搭火車無疑的絕對是認識本地人、交新朋友最好的機會！歐洲的火車有許多「面對面」的座位設計，在大段的路途中總會有些契機能和旁邊座位的人交談。再加上路途一遠，來來去去的乘客，一段路程就有可能認識3、5個不同的朋友。而且火車上的交通時間會在聊天的過程中縮短，景色不再這麼一致而疲乏，讓整個旅程除了塞著耳機睡覺之外，更有收穫而且開心程度倍增。我也常常被問：那你通常第一句話會跟對方說甚麼？天氣、來自哪個國家、穿著、甚至查票員的話語、語言、動作、吃的零食，都會是很好的切入點。

> **66** 交朋友也是需要練習的。
> 最重要的是要排解你的「害羞」和「緊張感」！ **99**

我在火車上交過許多朋友，從年輕的到稍微資深一點的，只要鼓起勇氣說出第一句話，通常都可以攀談的很順利，當然偶爾可能也會遇到省話的一哥或一姐，這種時候聊不下去就休息吧！交朋友又不是在跑業務，不會因為硬要交到這個朋友而增加什麼業績，交朋友是旅行的額外bonus而不是主題行程！

這次的旅程中，我們在巴黎前往比利時的路上認識了兩個德國大男孩，其實這趟旅程中，我們算是出了一招，讓交朋友變得容易，那就是身上穿著我們的自製T恤，上面大大的寫著 "Mom, we travel, we Miss You"。意外的引起外國人的目光，光是這件衣服大概至少讓我們在旅程中交了10個朋友，都是覺得我們的衣服有趣，跑來拍我們或是跟我們合照而開了話閘子。

這對大男孩和我們姐弟聊的如此開心，話題當然從「我們哪來的自信，竟然把這麼媽寶的一句話寫在T恤上穿著走」開始。對外國人接受的教育模式來說，他們真的覺得非常不可思議，時時刻刻把爸媽掛在嘴邊，尤其25歲的大女孩和18歲的大男孩，實在是媽寶的好笑！

事實上，「媽，放我去旅行！」意思就是，亞洲人、台灣人，別再把兒女鎖在身旁，放心的讓他們去闖一闖吧！不可否認有一大部分的亞洲父母仍然有過度保護的概念，常常讓孩子學不會獨立。我很幸運的生在一個媽媽雖然很容易擔心，卻不會過度表達出來造成兒女壓力的家庭；也更幸運的是，我爸爸的教育理念是：孩子就算放著也會長大，不用擔心這麼多，讓他們自然發展吧！為了不要讓父母感覺太寂寞，就在T恤也放上了一句英文字，"Mom, we travel, we miss You！" 也確實，我們正在旅行，但也時刻把父母的愛掛在心裡。

等火車、坐火車，腦子空下的時間變多了；有限制的空間，
卻有無限制的思緒飛揚，然後等著和未知的朋友連結。

一路從教育制度，談到旅行的模式！從對談之中，就可以看出心界的大小，對歐洲人來說，
出個國根本不算什麼，在兩國邊際的小鎮村民甚至可以走個幾里路，輕輕鬆鬆就跨越國界去
買東西；相對的對於在台灣島國長大的我們，出國就非坐飛機不可，出國自然和「有錢人」
畫上了等號，變得不那麼稀鬆平常。

回頭想，從以前到現在旅行這麼多次，這麼多國家，到現在即使已經找到一個對我來說最舒
適、最喜歡的旅行模式，但每次旅行的風格都有一些小小的不同。因為隨著旅行經驗的增
長，更懂得如何篩選和學習。交到新朋友更是一個會讓方法改變的契機。更會從別人的身上
去發現別人是怎麼樣在旅行的，隨著好奇心使用了一兩次，或者改變成為自己的做法，那種
感覺就像是麥當勞世界連鎖品牌，雖然做法都差不多，但到了每一個國家，遇上不同的文
化，他們會更動一些小細節或是餐點，讓當地的麥當勞能夠運行的更加順利！

很喜歡這些小改變。

| 隨遇而安，跟隨節慶走！ |

迷路旅行的宗旨是「盡量不要安排行程」，在歐洲各國旅行最高境界是連住宿都不要預定，這樣隨時遇上「想留下來」的人事物就能義無反顧的修改下一個想去的旅程。我一直很想把這個概念教給餅弟，但我不知道這對於一個自助旅行新手來說，層次會不會跳太快了。（後來根據餅弟的供詞，他就是一股腦跟著我，完全沒想過會沒地方住；刺激最大的其實是我媽，兩個小孩一起送去同一個地方，要是運氣不好，一丟兩個全沒了！）

雖然擔心餅弟，但我還是照著迷路的心願做了（應該是什麼都沒做）！離開台灣以前，我一家旅館都沒有訂，只查了幾家巴黎的青年旅館地址，除此之外的旅程只大概定了城市，但什麼時候到，日期幾月幾號都是決定讓它放水流，總之到了當地總會想出辦法來的。「生命，會自己找到出口。」旅行也是。

到了比利時首都布魯塞爾，馬上發現整個城市的氣氛很不一樣。彷彿在騷動著什麼，一點都不誇張，到處充滿了圍籬和大型舞台，整個城市充斥著凍次凍次的音樂聲，重低音的節奏從大喇叭中傳來震動著耳膜。原諒一個甜點控對於比利時的重點印象只有巧克力和鬆餅，還搞不清楚狀況，決定去問問看到底整個城市發生了什麼事？

66 「旅行，會讓你找到它要你找的路。」
    我一直這麼堅信著。 99

直接連心態都一起慶典化！ROCK！

原來我們意外的闖進了Brussels Summer Festival布魯塞爾的夏日音樂節！其實這也能説是迷路旅行的好處，正因為不查那個國家的相關資訊，因此一但遇上了就真的是驚喜！當然，我也曾遇過一到當地發現一個大型活動剛結束的遺憾，2011年在瑞典的斯德哥爾摩正因為沒有查資訊正好錯過了他們一年一度的大慶典！所以建議大家，如果真的有很特別、覺得這一生中絕對不能錯過的世界節慶，或者，你根本就是為了參加那個節日而去旅行，那麼就千萬不可以少做這項功課！

我喜歡驚喜，也許這就是迷路旅行對我來説是最好的模式的緣故。完全不顧行程安排，我和餅弟決定花下22.5歐元各買一張一日票，840台幣看一場瘋迷整個城市的演場會，想想還是挺划算的！一整天除了去公園睡睡覺打個盹，漫無目的在城市中閒逛休息，就是等著晚上的大型演唱會開跑！

整個節慶中最讓人興奮的，無疑的絕對是路邊的攤販！在國外非常流行巴士改裝的小餐車，可以看到他們掛著誇張的餐點圖示，放著歡樂的音樂招攬客人。和在巴黎的時候一樣，我們選了一個噴水池悠哉的吃東西。在這裡，人們對於噴水池的使用程度絕對高過你的想像，再加上他們對於陽光的喜愛，有時候想要在旁邊卡上一個位子都得等上一段時間呢！

連尿尿小童都ROCK起來，搖滾整個布魯塞爾

這場布魯塞爾的夏日音樂節是一個長達10天的大型音樂節慶。就像台灣的春吶或者福隆音樂祭一樣，當地或者歐洲知名的樂手都會來到這個大型舞台和整個城市的人搖擺吶喊。台上的精湛搖滾，配上手中的比利時啤酒，當下才真的感受到什麼叫做「音樂無國界」，即使對方深情或是大聲嘶吼著聽不懂的德文歌詞，台下的觀眾不分種族膚色，一起摟肩跟著節奏跳舞，這種感覺真的是一種全新的感受！在台灣，我很少參加演唱會或是搖滾音樂會，但這次回去，我會想我會嘗試去感受聽得懂得歌詞和歌手的現場魅力吧！而旅行，改變的正是生活經驗和願意去嘗試的態度。

迷·路·旅·行 / TIPS

「休息，在旅行中一點都不要吝嗇！你就是為了休息而來！」

有人會跟我說：「妳好奢侈喔！」能夠出國玩的天數就這麼幾天，而妳竟然在布魯塞爾為了「等晚上的演唱會」花費了一個下午在等待和浪費時間。如果你也有這樣的想法，就來順便問問你自己吧，你的旅行目的到底是什麼呢？對我而言，旅行是生活的一部分，只是換了一個地方去體現生活。文化、學習、交朋友、喝杯下午茶、逛博物館、看歷史文物、去超市買傳統菜餚、看知名景點，都是在體現生活；如果你在故鄉，會每天都汲汲營營的想著我要做什麼、去哪個景點遊玩，計較這個下午是不是都浪費在公園散步嗎？又或者說，絕大部分的旅行其實都是運用「上班的休假、上課寒暑假」一個難得的休息時間去完成，真的有必要把行程卡得這麼緊，心理壓力這麼大又這麼累嗎？

休息，在旅行中一點都不要吝嗇！因為你就是為了休息而來的。

原子球塔鐵立方 ▶ 原子球塔鐵立方以一個歷史性來說，真的佔了舉足輕重的地位。1958年的布魯塞爾世界博覽會，當時的標誌型建築原子球（Atomium Pavilion）是放大了1650億倍的鐵正方型結構。當時因為原子能的問題、以及科學如何為人帶來和平與幸福造成極大的討論，這個原子模型的建築正代表了當時世界所熱衷的話題。

| 不是每個知名景點都是好景點──城市發展觀光是要賺你錢的耶！|

行程規畫如果是來自當地人或者是旅客服務中心（Tourist information center）的建議來規劃，偶爾也是會出些小包。畢竟不是每一個人心中好玩的、好吃的標準都一樣。比如說，在布魯塞爾的鐵立方原子球塔就是讓我深深感到「不是每個知名景點都是好景點」的最佳範例之一。

就一個欣賞建築物的角度來說，我實在很佩服；但是從博物館的展物內容和可以看到的景色而言，對我一個非建築師旅行家，實在是可以不用花費太多的時間和期待。雖然有貼心的語音導覽讓我們不至於走馬看花，但除了登高望遠之外，其他並沒有特別值得一提的地方。再加上他遠在布魯塞爾的小郊區，花費大量交通時間後並沒有換來更高的價值。不過迷路旅行難免會遇上這樣的事情，可是哪有每次做的決定都是100%滿意的呢？放寬心，像我和餅弟就乾脆地找了鐵立方裡面的餐廳吃飯！一面看景色一面用餐，反而別有一番風味！

外表冷酷的鐵立方，其實內部構造的感覺
還蠻時尚摩登的。

> 迷路旅行最重要的就是相信自己的安排！即使覺得很無趣，至少不
> 會留下「很想去、看了別人的遊記想著當初為什麼不去」的遺憾。

迷·路·旅·行 / TIPS

【S.O.P.】

在規畫旅行的時候常常聽人提起所謂的「熱門景點」，但青菜蘿蔔各有所好，自己覺得 SO SO 的事物大膽的表達，但也不要去影響別人的喜好觀點！每個人都是不一樣的！不然世界上這麼多人，每個都重複多可怕啊！所以，千萬不要崇尚或是盲目的追求別人的第一名路線，當作參考值可以，但不需要 100% 複製，才能創造出讓自己最舒適的旅行風格。這本書也請大家在旅行前閱讀完畢，然後在心裡記下我們共同的旅行態度：「迷路旅行，享受隨機體驗的刺激，旅行就是生活！」然後放下它，輕鬆出門就好！

浩潔重生，我們不是胡鬧奔放，而是在合理的範圍內做最大程度的冒險；我更不會恣意謾罵，而是清楚而理性的表達自我觀點，傳達不矯飾的真心訊息。

| 人，才是歐洲最貴的資產 |

有別於台灣的22K底薪，在歐洲各地雖然失業率嚴重，但對於「有價值的工作者」還是相當禮遇的，羊毛出在羊身上，這樣的薪水給付，自然回饋到使用者的身上。最直接的例子來自於個人小小小痛的經歷分享。

一般在台灣，公車票就是上車投幣，公車票當然是跟車上的司機買。這次我人在比利時的某一個公車總站上了車，問了問回到市區的車票是多少錢，2.5歐元，換算92.5新台幣搭一次公車……雖然心痛，但總要回去吧，旅行哪來不花錢的道理，大器的付錢！就在我打算付錢買票的時候，司機先生不斷的問我 "Are you sure?"（你確定嗎？）"Do you want to buy the ticket from me?"（你要跟我買車票？）我心裡想，那當然！不買車票我要怎麼上車？整輛公車上又就只有你這個售票員，不然我要跟誰買？雖然疑惑，但擔心公車要離開了，我就乖乖的付了錢在第一排位子坐了下來。

上車後我大概還停留了10分鐘左右，而這位司機大哥距離發車時間還有一陣子吧，就和我聊了起來，發車前又問了我一次為什麼我要和他買公車票，我心中滿滿的問號實在是無法抵擋。

"If I didn't get the ticket from you, then where can I get it?"

（如果我不向你買車票，那我要去哪裡買啊？）

司機大哥 "You can buy from the ticket machine!"（你可以到自動售票處買啊！）"But the ticket is the same right?"（但是買到的車票是一樣的吧？）

司機大哥 "Yap, it's the same ticket to the city center."（是啊！一模一樣。）

人工販賣機，旅行者的省錢機械好夥伴，一切都倚靠自動化。

既然一樣，那有什麼差？算了，至少我沒吃虧就好。就在這個時候他跟我說 "Ticket is the same, but the price is different." （票是一樣的，但是價格不同！）司機大哥邊說一邊露出清爽的笑容。什麼！大哥！價格不同？細問之下他才告訴我，同樣的一張票在公車上買是2.5歐元，若是在車票販賣機購買則是1.8歐元，相差台幣26元左右。這無關乎有沒有必要為了26元而計較，重點是這台販賣機就在公車的正門口，離這位大哥的公車人工售票處不到5步的距離！

這樣的標準不只是在比利時，荷蘭、法國等地也是會發生一樣的事情，除了公車之外，火車站也有可能會出現一樣的狀況。所以英文還不錯的旅行家們，我確定這些販賣機都有英文系統，建議大家在使用人工售票之前，先去找找看旁邊的自動販賣機！

| 旅行，就是在培養自High的能力：不老駕鴦「尿尿小童和他的女朋友」 |

餅弟很喜歡音樂，為了能夠把自己隨身變成一個樂器，他苦練BBox；而他姐屠潔我喜歡RAP，功力不夠好常常變成台式數來寶。我們用雙人演出的方式來表達每個城市的故事，在布魯塞爾我們講了一段尿尿小童和他女朋友的故事。

尿尿小童完全可以說是布魯塞爾的精神象徵標竿，除了雕像本身是知名景點之外，由他的概念轉化而來的威化餅小童或者布魯塞爾音樂季的搖滾小童，諸如此類的圖像滿街都可以看得見。尿尿小童紅透半邊天，但在他背後默默支持著他的女朋友尿尿女童，可就沒什麼名氣了。

自助旅行有一件和跟團差距很大的事情：沒有人有義務向你解說，告訴你每個故事、每段歷史。因此，你若不查資訊，又懶得看英文簡介的告示牌的話，會更容易讓整趟旅程變得走馬看花！這個時候，路人，會是你最好的導遊。多問，能夠使旅行的深度大大升級！外國人一點都不會覺得很突兀，90％以上的人都會很樂意告訴你他們所知道的資訊。

尿尿小童和他的女朋友 ▶尿尿小童在1619年建立，這個看起來只有5歲的小男孩，其實已經是個400多歲老叩叩了，這雕像之所以存在有很多流傳的說法，其中一個是1142年，哥德佛瑞德公爵（Duke Gottfried）領軍對抗外敵，就在軍隊落敗之際，公爵將自己的小兒子放在搖籃裡掛在樹下，用來激勵軍隊士氣，最後就擊敗了敵軍！另外一個流行的故事大概是這個小孩半夜起來尿尿，看到鄰居的房子伸出一條燃燒中的引信，小孩找不到水源撲滅，靈機一動灑尿把引信熄滅，解救受困的人，為了感念這個小童而在原地做個石雕像永遠保留，供後人憑弔。

市中心外面還有一個尿尿女童，她是為了布魯塞爾城的市標尿尿小童而存在，兩人指腹為婚，當初就是怕怕尿尿小童太寂寞而建立的，但兩人的年紀差讓尿尿小童像是「吃幼齒」。不過尿尿女童的建立有個正經的目的，在1985年，為了呼籲世人撲滅癌症和愛滋病而募款建造而成。比起尿尿小童，以公益的角度來說，尿尿女童雖位於隱密的小巷裡，卻更值得被大家關注。

我們把這段故事拍了下來，但拍這段影片其實滿丟臉的……NG次數大概至少3、4次，由於iphone已經在巴黎的旅程宣告失竊、離開我身邊，利用餐廳外場座位的窗邊架設ipad的大螢幕，大聲的BBox和演出，輕輕鬆鬆的讓我們成為觀光客的目光焦點，人氣都要直逼尿尿小童了！

不過緣份真的很奇妙，為什麼要強調「多問」？當時我和餅弟正在拍攝，引起旁邊一位小哥的好奇心，來跟我們攀談並且給我們一些尿尿小童的歷史故事建議之後，還好心的幫我們按下拍攝按鈕，最後離開前才跟我們自我介紹，原來他的職業是演員！我們倆又興奮的跟他又多聊聊了在比利時的劇場生態，喜歡舞台劇演出的我們從來沒有想過除了在國外看戲劇之外還能和演員聊上幾句，實在是一個很大的驚喜和收穫。

迷路旅行，原則上1-3人是最好的人數，但是在人數相對較少的情況下，如何找到自High的要訣是相當重要的。屠潔與餅弟除了會莫名的舉辦雕像style競賽之外，我們給此趟旅行賦與一個任務：每到一個城市，就要拍一則短片敘述那個城市的相關故事。從idea發想到兩人搭配，在每個城市都至少大概要花費2-3小時的時間完成這件事情，也正好可以填補一些空白的時間。

城市地標不好當，尿尿小童的職業真的很多！辛苦了！

去尋找自己在生活中無聊的時候最喜歡做的事情，

不要懷疑，旅行的時候做就對了！Just do it！

每個人能夠尋找的自high點不同！有的人可能喜歡購物，所以閒暇之餘就會去找尋各種不同的商品購買逛街；有的人喜歡在公園發呆散步看不同國家的街頭藝人；有的人喜歡吃甜點喝下午茶；有的人喜歡自拍，這就是他旅行中收集的小確幸；又或者，因應現在科技的進步，有很多人會選擇一面旅行一面打卡，因此在旅程中遇上一面旅行，一面努力滑手機的人大有人在。很多人會說，旅行你就好好體驗、好好觀察、好好融入當地文化就好了，眼光不要老是停留在手機或是虛擬的社群網站上面；但我抱持著不一樣的看法，也許對一些人來說，將旅行的經驗分享在社群網站上就是能夠豐富他旅行的其中一種元素。這種即時的分享，能夠提升旅行的喜悅力量，並且成為他去尋找一些「不一樣」的動力。

> 「旅行，就是換個地方生活。」意思是，生活不會一直都驚喜連連，高潮不斷，就像連續劇一樣偶爾也會有乏味的地方。如何適時的在乏味的時候添上調味料，就是一門絕學了。

比利時街頭四處都有的經典鬆餅和著名的淡菜料理！美食絕對是每個迷路旅行家都必須過的關卡！但沒有做成功課，看著琳琅滿目的餐廳遍佈在巷弄中，問路人、看人潮是唯一判斷方式，選擇了之後就只能祈禱賭盤順利，千萬不要踩到地雷啊！

| 歐洲餐廳禮儀的 "NO Share" 和 "Tips" 美學 |

即使現在社群網站一堆人瘋狂使用「Share」分享按鈕，但是有別於華人的圓六菜一湯吃飯模式，歐洲人只喜歡分享資訊，但不分享餐點！該你的就你的，一人一套剛剛好！刀叉不越界是基本禮貌，兩個人共享一套餐點絕對會招來服務生的白眼。即使我在瑞士SHMS又念Hospitality餐旅相關科系，還是會出這種糗，台灣人的分享性格有的時候會不經意就流露出來了。

事情發生在打算去享用比利時必吃的淡菜料理mussel的晚餐時間。在享用晚餐之前素有「螞蟻」美譽的我，實在抵擋不住比利時巧克力和甜死人不嘗命的鬆餅攻勢，大啖了甜點！因此晚餐時光實在吃不下這麼多料理（藉口一大堆），當我們走進餐廳發現一碗淡菜竟然如此大的驚人的時候，決定厚著臉皮詢問能不能兩個人共享一個餐點。

我們被白了無限個白眼，除此之外他還用很大聲的方式大喊 "Chinese always loves SHARE." 先暫且不跟他討論Chinese和Taiwaness的問題好了，雖然是家很好吃的餐廳，但這種服務態度實在讓人很想甩桌走人。不過我不只在比利時遇過這樣的情況，在法國、德國和瑞士也都曾經遇到過店裡面的服務生拼命的和觀光客解釋「NO SHARE」這件事情，也許不是全部的餐廳都如此，不過在他們心中，除了自己的刀叉應該在自己的盤子裡使用，共享餐點是很不衛生的事情之外，最重要的是覺得我們太摳，兩人只點一份，連吃飯的錢都要省的感覺吧！

引發服務生不開心的點還有第二個，通常歐洲人都不太愛服務東方人。原因是，東方人沒有給小費的習慣。對我們來說，服務生本來就該服務，而服務的態度好不好不是在於他想拿多少小費，而是因為這是他的工作，但是歐洲或美國人的概念是，我特別服務你這一桌，滿足你的需求和特殊指令，你應該要給予用心付出的人工與心力一些特別的獎勵。

我對於小費制度完全沒有任何問題，也不認為他好或不好，各有利弊。「入境隨俗」也是旅行之中需要去調試的能力之一。以前看故事書或是伊索寓言總是會說「不要當個井底之蛙」，出國旅行，離開你的國家或是離開你所熟悉的城市去其他地方旅行，不要把自己框死在自己認知的世界裡面。當然，如果最後你寧願翻桌你就是不給小費，服務生也不會追出來砍你。

P.S. 最後我們還是有給小費，即使我不太滿意他的服務態度，但我只是想要教會餅弟這個入境隨俗的禮儀和文化；意外的是，由於我們刷卡付費所以提前結帳，這個服務生發現我們刷小費給他，即使不多也讓他整個心情飛揚起來。有的時候只是略施小惠，即使不多也很容易得到開心，一個微不足道的小費卻引來我深深的反思。

> 66 我們應該驕傲的帶著自己的文化去交換，
> 但不必強用自己的文化模式套入其他國家的框架之中。
> 嘗試去理解他們為什麼這麼做，而我們又為什麼這樣做，
> 最後取得觀念上的平衡點去接受這樣的文化。 99

小費文化絕對是亞洲旅行家要學習的課題之一。

STEP 2.3
LOST IN KÖLN & BREMEN
科隆&不萊梅
世界遺產和童話交織而成的城市

| 科隆大教堂：一座蓋了800年還沒完工的教堂 |

迷路旅行最棒的是，自由度很高，你想去哪裡，想在哪邊多待幾天完全由你自己決定。在我心中，我認為「德國」是自助旅行新手最容易入手的入門款國家，大眾運輸方便、相對其他國家物價中等、歷史文物多，最重要的是英文幾乎到處都通！為了方便讓餅弟快速融入旅行的氛圍還有成就感，這次在德國特別由北到南走了一次。一路從科隆Koln→不萊梅Bremen→漢堡Hamburg→柏林Berlin→慕尼黑Munich。

提到科隆，通常後面就會直接接著「大教堂」三個字，科隆大教堂的代表性就有如臺北後面會接上101一樣的感覺。原以為會迷路的旅程，問了問路人：

「你找科隆大教堂？出去就會看到了！」

「我的意思是，我該往哪條路走啊？哪一個方向呢？左轉還是右轉？」

很擔心徹底迷路的我不放棄的追問。

路人笑了笑「你出了車站的門就知道要往哪裡走了。」

科隆大教堂 ▶ 傳說中，科隆大教堂已經建了800年卻還沒有完成，是一座完整呈現哥德式建築的教堂。自1248年開始興建，一直建建停停直到1880年，才算是象徵性的完工。不過從沒有人拍到過「沒有整修」的科隆大教堂，因為實在建築物本體實在太過龐大，永遠都在小整修中。而也因為他的高度實在太高聳入天了，因此也有「人間最靠近上帝的所在」之稱，1998年被列入世界文化遺產。

一面面的彩繪玻璃，不同的風格，描繪著一樣的理念。

修士們儼然也成為這高聳入天的教堂一景。

一出了車站，抬起頭，我才知道為什麼不需要明確的指示，因為大概300公尺內，就是科隆大教堂的正門口！我從沒見過距離中央車站這麼近的大教堂，也難怪在青年旅館的朋友聽見我們要去科隆看大教堂就說，只需要安排1小時的車程間隔就好。

在歐洲，教堂真的無所不在，可以看到各式各樣的神之建築設計師對於一樣的彩繪玻璃、一樣的壁畫、一樣的聖經題材所做的不同詮釋。我從沒見過的馬賽克圖案彩繪玻璃，讓這800年的教堂對比起其他教堂更顯得現代。從解說人員的口中，得知柱子、牆壁因為石材狀況而呈現出不同的顏色紋路，也看到了祭壇前珍貴的東方三博士純金雕像。不過在這個科隆大教堂裡，我看到的是一份對古蹟保存的重視。那些維修壁畫和雕像的工作人員，也許我們看著只是幫他們上上顏色罷了，但這座存留了近800年歷史的教堂，因為有他們，我們的下一代、下下一代得以看到相同的光景。這些藝術家，他們不能創作屬於自己的作品，壓抑住了開展自我的意念，讓這些故事的面貌得以流傳。

謝謝你們，讓我看到這樣的科隆大教堂；也許只是需要一點點的觀察和轉念，對於這整個教堂的感受會更不相同。我敬畏神明，但也打從心裡更敬畏這些古蹟維護的藝術家。

古蹟維護的藝術家們，就像是古蹟的化妝師。

| 迷路的明燈：那些引路人 |

抬頭看著天上的好天氣，決定再次出發感受戶外野餐的感受。進了超市，隨意的帶走了烤雞腿和啤酒，決定找個好地點坐下享受超市廉價美食。攔個路人問問該怎麼走。沒想到竟然被我們攔下了一位英文超標準的德國先生。"You go straight, and turn right." 捲舌音發得超標準，引發我和餅弟一陣的模仿熱潮。其實說到問路這件事情其實很有意思，一樣米飼百樣人的狀況可以從回話的方式了解。

1. 熱心派：

精神隨時隨地保持高亢的人，遇上有人問路彷彿是「終於有人要跟我說話了」的感覺！遇上這樣的指路人他會非常熱心地告訴你路怎麼走，甚至會開心的開始跟你搭上話。這種路人是可遇不可求，不過偶爾也會遇上怎麼甩也甩不掉就是想要陪你一起觀光的路人。

2. 警戒派：

遇上警戒派的人會覺得路上所有的人目標是他，只要有人靠近他可能就是對他有所意圖，或是想要偷他的錢。向他問路不見得會回你話，若是問了可能也不一定能拿到完整的資訊，因為他的腦力和注意力都放在他的貴重物品身上。如果真的遇到又不得不問的時候，跟這位路人保持一些距離，讓他認為自己是安全的。

3. 責任派：

做什麼都十分認真，不論是在聽你的問題還是幫你找答案，深怕你找錯地方，認為你如果迷路會是他的責任。有的甚至會直接帶你到指定位置，但有時候由於責任派的路人比問路的旅行者還認真，會讓迷路旅行的人有點不好意思。

4. 天兵派：

也就是說，會迷路的人遇上了一個會迷路的路人。這時就讓人哭笑不得了，他說的左轉未必是在左邊，他說的直走有可能是反方向；距離更有可能從「很遠很遠」，變成只是一個公車站排的距離，遇到這樣的指路人，就只能說，你的旅程註定是趟迷路旅行了。

| 語言能力：不會講英文一樣能旅行 |

提到問路，在社群網站或是演講的時候時常有人會問我，我英文不好，可以出國旅行嗎？或者「不會說英文」只好找個會說英文的人帶著一起出國，所以沒有辦法體會會什麼叫做自助旅行。這趟旅程中浩潔重生所走的國家是法國、比利時、德國和瑞士，沒有一個官方語言是英文。而我除了一丁點的法文之外，德語幾乎不通，唯一能夠溝通的語言也只有英文中文和不輪轉的台語。

確實，在以上這幾個國家中，不會說當地語言，也還是可以用英文交談；但是，若是你有打算要遊歷東歐國家的話，這樣的概念將完全行不通。東歐國家的居民幾乎不說英文。比如說在捷克，我曾經到旅客服務中心，遇上了不會說英文的解說員；到了中央車站想要買車票，對方連一句簡單的英文YES還是NO都支吾其詞。

所以，到底英文不好能不能出國玩？。能不能一個人出國？可以！只要膽識夠就好！只是當你語言不好，需要做的準備可能就比別人多一些，資料準備得完善一些，再磨練一下演技就OK。像在捷克，最後都是用比手畫腳來完成所有的溝通，偶爾拿出紙筆畫圖輔助。看得站務員哈哈大笑，但最後我還是順利搭上前往正確目的地的火車。

人在國外的時候就會發現，認識的朋友越多、走的地方越多，語言是一項實用度最高的才藝，但是世界之大，學的才藝再多都會有無法滿足需求的時候。所以旅行之中，如果你會英文，甚至是當地語言當然很好，會幫助你更深入的了解這個國家，歷史、導覽、路牌能更深刻的理解他的意思，不用費心翻譯或猜測。但即使不會當地語言，還是能夠開心旅行的。

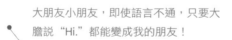

大朋友小朋友，即使語言不通，只要大膽說 "Hi." 都能變成我的朋友！

傳說中摸了Tunnes的鼻子能帶來幸運！

| 當一個收集故事的人：Tunnes & Schal |

在旅程中很多不起眼的東西，有可能在其背後有不同的大意涵。在科隆除了大教堂之外，在教堂身後的小角落還有代表科隆精神的兩座小雕像。他們兩位真的很難找，看到後沒有任何指示牌，完全不理解到底走了這麼遠的路特地來看這兩個雕像有什麼意涵？故事是靠口耳相傳而來的，路人就是文化故事的寶庫，拉了拉旁邊的路人，聽到了以下的故事……

Tunnes and Schal 是這兩位200歲的雕像的名字。就像是有人說一樣是在台北市，住在信義區的人性格如何，住在天母的人又是怎麼樣的感覺，這兩個雕像分別代表著200年前，科隆市區萊茵河兩邊的居民形象。右邊又瘦又高的是Schal，看他紳士的穿著和帽子它代表著「機靈以及投機取巧」的有錢人，在德文中Schal同時也代表著鬥雞眼的意思，表示他們目光如豆。而另一個看起來忠厚老實矮矮胖胖的是Tunnes，代表著萊茵河另一邊的人：笨拙的傳統農夫，雖然看起來傻傻的，卻總能夠識破Schal的詭計。

這樣反差甚大的人物性格聽起來頗有趣，不過在現在的科隆因為發展蓬勃早就分不出這種界線了，都市人和鄉村人分別其實並沒有這麼明確。

> **66** 旅行，就是收集很多故事，
> 然後讓自己也能成為有故事的人。**99**

不萊梅小鎮，靠著這四隻小動物紅遍全世界

從沒到過不萊梅的「不萊梅的樂隊」

身為一個有童年的人，對於格林童話故事書裡的場景還是有點期待的！原本的安排希望路過科隆大教堂之後直接急轉直上往漢堡這個城市前進。但是卡在中間的不萊梅激起了小小的童心，決定再次偷偷轉個火車去不萊梅走走，旅行中具備「彈性」真的很重要，才能隨時想到什麼就變換路線。

不萊梅的樂隊講的是一群動物的故事。有一隻驢子，因為年紀大了無法工作了，就被農場主人趕出了農場，他決心要改變牠的生活，到不萊梅這個小鎮當個音樂家；在路途上，他遇到一隻老了反應不敏捷的獵狗、一隻差點被主人淹死的貓和一隻嗓子啞了的公雞，一群動物都因為被主人拋棄決心要組一個樂隊，一起去不萊梅展開新生活。

走著走著他們來到了森林看到有一群強盜在一間屋子裡大吃大喝，決定要來趕跑這些壞人。他們像疊羅漢一樣，狗跳到驢子身上，貓在狗的背上，公雞站在貓的頭上，然後大家一起大聲唱歌。強盜們一看到窗口上的怪影子和聲音以為是妖怪來了，嚇得逃進森林裡面！這群樂隊就成為了屋子的新主人。

當強盜又回頭想進屋子裡的時候，貓悄悄的跳到強盜的頭上，又抓又咬。就在強盜逃到門口時，獵狗和驢子早就在門口等著強盜，一見強盜出門，獵狗馬上緊咬他的腿不放，然後驢子再補上一腳，用力一踢，把強盜踢出門外，最後公雞放聲嗚嗚嗚地啼叫！這群強盜嚇壞了，以訛傳訛的說著：「太可怕了！屋子裡有一個法力高強的巫婆會用長指甲抓我！用刀子戳進我的腿！還用棍子打我！最後還大叫要來抓我！」從此以後，強盜不敢再到森林裡。不萊梅音樂隊天天彈奏著好聽的音樂，過著悠閒自在的日子。

看完故事之後一定有人發現了……不萊梅的樂隊根本沒有到過不萊梅！不過這個故事後來的結局是：「雖然不萊梅樂隊從未去過不萊梅，但他們在旅途中，已經找到了它們希望得到的東西，實現了自我的價值。目的地並不重要，重要的是在前往目的地過程中，我們收穫了什麼！」

我一直都很喜歡這個故事，有人會問我，迷路旅行這種過度彈性的旅行方式會不會反而失去原本旅行的目的？我本來設定目標想要去捷克，結果從法國入境歐盟區之後，反而大改行程沒去到那裡了。我一樣用這個故事的結語回答你：

> 66 在旅途中，他們已經找到了希望得到的東西，實現了旅行的價值。從沒有人逼迫你選擇，也沒有人逼迫你改變，強迫來的旅程沒有什麼價值。這是你的旅行！只屬於你，無法被複製的迷路旅行。 99

| 荷蘭？德國？亂入不萊梅的荷蘭風車 |

不萊梅真的是一個很小的城鎮，連那個幻想中的銅像也是蠻小的，但如果說要票選本次旅程中最難忘的城市，不萊梅絕對可以排上前三名。整個城市給人的感覺很舒適——我想這要歸功於市集旁邊演場的一家人，他們輕快的樂音讓本來就對這個城市「不萊梅樂隊」的印象更加放大，配上傳統的德國香腸夾麵包，就是非常享受的時光。即使沒有充滿歷史的博物館、令人驚艷的建築物、鬼斧神工的自然風景，那種讓人完全放鬆的氛圍讓人著迷。在規劃行程的時候，千萬不要因為他是小鎮就放棄了它或小看了它，「鎮」不可貌相！往往小鎮能夠給予你有別於大城市的純樸驚喜。

原本想像中的不萊梅應該就是個隨意晃晃就能經過的小鎮，但除了濃濃的德國和童話風味以外，街景和藝術街意外的相當吸睛。不萊梅有一條博物館街Bottcher Strasse，在明顯刻意

不論不萊梅的樂隊到底有沒有到過這裡，這家人的悠然合唱豐富了小鎮的音樂氛圍。

價值連城的黃金浮雕、路邊藝術家的隨手塗鴉、商店經過設計的招牌，
讓不來梅更多了幾分藝術人文的氣息。

打造過的手工藝品和藝術設計的小巷中，可以看到很多四隻動物的創作，抬頭還能看到很多窗裡的「裝置藝術」，對我和餅弟來說是相當意外的收穫。入口處的金雕相較於周遭的建築顯得閃閃發光，生動呈現聖喬治持著長劍和怪獸對決的瞬間。我的旅行從來都不特別迷戀大城市，但卻也未料在不萊梅竟也能遇上這樣藝術創造能量。街頭藝人在路上的塗鴉，也成為了增添小鎮風光的特殊限時展覽品。我相當醉心於這樣的景致之中，尤其是與東方文化相距甚遠的氣氛，盡情地呼吸著這個小鎮不經意散發出的迷人氣息。

走著走著，一閃神突然驚覺自己似乎不在德國，在橋上晃眼看到的竟是荷蘭小風車搭配滿滿花朵的景致。突如其來的「異國風情」真讓我們兩個又驚又喜，有一種來到德國卻看到荷蘭「賺到了」的感覺！也許會有人說，那又不是真的荷蘭，何必這麼興奮？但我感受到的是，世界各國的文化其實是無所不在、融合在一起的。每一種文化都有它獨特的特色能夠一眼就能看得出來，但擺在各個國家的某一處卻又不會顯得「格格不入」。我想這延伸到人與人相處的道理也是一樣的吧，每個人都是獨立的個體，有自己的特色和性格，能融入群體之中卻又不失自己的特色。

STEP 2.4
LOST IN HAMBURG

漢堡 海港城市的繁華、紅燈區與遊樂場

| 漢堡YH 的緊急收容室Emergency room |

旅行之中交朋友有很多的方法，除了前面提到的交通時間交朋友「一兼二顧摸蜆仔兼洗褲」的方法之外，強烈建議年輕的朋友可以試試看YH青年旅館(www.yh.org.tw)。青年旅館讓很多來自不同的地方的旅客一起同睡一個房間，因此會有更多的機會能夠認識不同的朋友。

天生冒險精神和完全不喜歡被束縛的狀況之下，即使第一次帶著弟弟上路也決定堅持到底不訂旅館，但終於出包了！漢堡的旅客服務中心推薦了YH給我們，由於訂房要額外費用因此我們決定直接到旅館去Check in。這時才發現，他們當晚一個床位也沒有了！在向櫃台展現出非常焦急的表情之下，他們告訴我有一間「Emergency Room」問我們要不要住。當下，有地方可以睡覺，幹嘛拒絕？立刻點頭答應！行李搬進去後才發現，真的是一個很克難的地方——其實就是由大廳隔出來的房間，八張單人床排排站，也沒有置物櫃。不過其實我還蠻喜歡的，一樓大片的落地窗採光很好，相較起許多人使用過的正常房間，更顯得乾淨。這件

漢堡的YH乾淨而且設計時尚

事情告訴我們，下次沒有房間只要在旅館櫃台人員面前表現焦急的樣子，事情還是有可能會有轉機的！

事實上選擇不訂旅館這件事情真的只適合膽子蠻大、心臟也很大顆的人，在之前的旅行經驗中真的曾經完全找不到地方睡覺。當時在芬蘭的赫爾辛基，天知道那個時候是芬蘭的慶典時節，除了主城市之外，連小島上的旅館都滿滿的沒有房間了。當天晚上，我跑到賭場裡面想說至少是個安全的好所在，但才發現政府直營的賭場是要關門的！到了4點鐘紛紛清場後，在附近晃了一下才找到一家24小時營業的小咖啡廳。也許在台灣24小時的店比比皆是，再怎麼樣還有小7和全家可以依靠，但在歐洲找到24小時的店是可遇不可求的事情啊！我陸陸續續也睡過火車站、飛機場、旅館大廳之類的地方，現在回想起來覺得一個女孩子也太不安全了吧……但當時似乎就只是想解決一下睡覺的場所又不想花大錢，所以沒想這麼多，學習如何閃避街友的騷擾也是一種新的人生經驗。不過，人生體驗歸體驗，我還是提倡「快快樂樂的出門，平平安安的回家」！

那幾天的「Emergency Room」讓我交到了一些和我一樣喜歡冒險，因為不愛事先訂旅館而一起待在這間臨時客房的朋友，最讓我印象深刻的是其中三個來自荷蘭的單車冒險家。對台灣人來說，玩單車的人第一個成就點絕對是單車環島，但是對於這群人來說是單車環歐洲。剛聽見的時候，我確定我露出了跟你一樣的驚訝表情並且大喊：「這太瘋狂了！怎麼可能啊！累死人了吧？你們太厲害了！」

但是我這個反應才讓他們嚇到了。這在歐洲是很正常的事情！甚至很多年輕人在上大學之前會先空一段時間給自己一段探索之旅才回去學校念書，比較起東方的教育體制和社會觀念來說，確實比較難有這樣的機會。

> 旅行，可以開拓你的世界觀，看見更多的可能性。也許這世界上沒有不可能，只有你還不知道的事；又或者這世界上本來就沒有困難的事，只是你還不知道方法而已。

| 旅行是，學習信任 |

在出這本書之前，我所隸屬的扶青團曾經舉辦過公益旅行家褚士瑩大師的講座。他曾經問過台下的聽眾：去到青年旅館，就是要和陌生人共處一個房間的旅館，如果你現在要去洗澡，你不會把身上的現金或任何貴重物品一起帶去洗澡的人可以舉個手嗎？

現場200多個人，鴉雀無聲，舉起手來的人寥寥可數。

這個情況觀察起來其實很有意思，平常青年旅館房間內通常至少會有一個置物櫃，置物櫃的櫃口會有一個可以加鎖頭的地方，如果有需要的話可以去櫃台加個5-15歐元的價格租用或買一個鎖頭。通常進去以後看見使用鎖頭的櫃子，幾乎都是東方人居多。我認為這其實無須比較，沒有什麼好或不好，出來旅行本來就是求一個「快樂和心安」，如果多這一個鎖讓你的旅程睡的舒服自在，為什麼不做？在東方教育的本質上就讓我們學會比較謹慎小心的面對所有的事物。再加上層出不窮的新聞報導事件，能夠防範少一事為什麼要等到事後再後悔？

> 旅行就是，學習釋出相信的電波，
> 然後等待回饋的信任電波。

微笑與信任是世界共通的語言

不過，在我這次住進「Emergency Room」的時候可以更容易的觀察到「信任」這件事情西方人的理解程度。因為是個臨時房間，所有的物件幾乎沒有「防盜」的任何設置，大家都是大咧咧的把東西攤在床上。他們的概念是，你不需要把東西藏起來，因為我也不會藏；我相信你不會動我的東西，所以你也應該相信我，這是一種互相信任的態度。反之，緊緊張張、畏畏縮縮，總是擔心旁人會拿走自己的物品的人，過度懷疑的態度反而會讓人覺得很不舒服。

旅行了這麼些年，我不敢說我100%是一個毫無心機，不會懷疑別人的女孩子。但我敢說，我比大部分的人都還要容易信任陌生人。接受路人的幫助、聽從櫃台人員的建議、面對第一次見面的室友保持相信的態度。我想信任這件事情所要形容的不是「毫無理由、無怨無悔、一股腦的相信」；而是當你在路上攔下一個路人問路，他毫無戒心的相信你，開口向你打招呼並靠近你和你一起研究地圖的時候，這種互相釋出的信任感就表露無疑。

夜晚的漢堡，閃爍的遊樂園燈光，遊戲機台的音樂聲，其實歐洲的晚上也沒這麼無趣！

| 這是在拍電影嗎？漢堡夜晚遊樂園 |

在美國或歐洲的電影裡都會出現遊樂園的場景，甚至有的遊樂園就座落在市區中心，當時想想這也太瞎了吧！就像是六福村、迪士尼這樣的大型遊樂園場地一定是在郊區啊！怎麼可能說走就走，說到就到的？

在漢堡還真讓我碰上了！市區遊樂園！根據路上的線民指出，這個遊樂園是在八月的一個慶典中才會特別出現搭建的「臨時遊樂園」，所以不是無時無刻都會出現在這個地方！這感覺就像是馬戲團一樣，整批的機器和人力在特定的時間聚集到特定的城市，所以在漢堡的這幾天我幾乎天天到遊樂園報到！而每天都有相當的人潮，可想而知對於當地人而言，市中心的遊樂場是需要好好把握的限時慶典活動！

雖說是臨時搭建的但一點都不隨便！雲霄飛車，有！大怒神，有！鬼屋，有！八爪章魚，有！想都想不出來到底怎麼搬運過來的大型遊樂設施一應俱全！當然還有各種國外遊樂場才會有的遊戲小攤販！所有的遊樂設施加一加，我和餅弟一致認為大勝曾經玩過的遊樂園！整個遊樂園佔地非常大，原本的功用是一個公園和停車場的範圍，是大到足以迷路的境界。

其中想要特別提的是，為什麼我們每個晚上都會去光顧遊樂園走一走。一、這是不須門票的遊樂場，除非你要玩遊樂設施否則觀光拍照免費！二、遊樂園有人來玩，勢必會有人肚子餓，在這個遊樂園裡面有很多「當地Local」的小零嘴和啤酒可以買，價格也相當平價，絕對是一個找晚餐的好去處！可想而知為什麼電影裡面都會把遊樂園當作約會的好場景了！這樣的夢幻景色，絕對是迷惑女孩子芳心的最好地方。

大人小孩的天堂遊樂園就直接搬到市中心的廣場中央！太夢幻了！

賽駱駝遊戲，大人小孩都拼命玩的滾球機台，其實主持人炒熱現場觀眾絕對是吸引人群的最大關鍵！可惜他說的通通都是德文我們完全霧煞煞！不過，玩，哪需要翻譯？

> 旅行，就是尋找真實，破解你心中疑惑的最佳解題法！

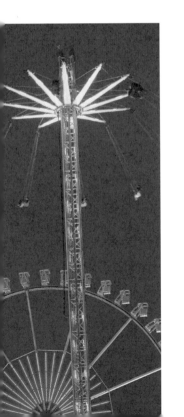

我們有去體驗了一個「賽駱駝」的競賽型遊戲，20個選手一同起跑，用丟球的方式來決定得分，球掉進哪個數字的洞裡，其選手代表的駱駝即可向終點前進該步數！這個遊戲最難的地方是，除非你是第一名，否則不會獲得任何獎品積分！沒想到餅弟一鳴驚人，第一次玩就獲得玩偶一隻！不帶妹來把是不是真的太可惜了！？（真是Sorry喔，我是你姐）

移動遊樂園讓我看到了，沒有不可能。旅行有的時候不需要特別安排什麼，它就能自然的為你解答許多心中的疑惑。

| 姐弟旅遊 VS. 情侶旅遊 |

我曾經在社群網站詢問過，如果可以選擇，同一筆預算你會和兄弟姊妹旅行還是跟你的情人旅行？我會毫不猶豫的告訴你，我選擇一個人旅行。還是堅持一個人最輕鬆自在，而且不會沒事落入自己小圈圈的世界，和當地的心靈和時間接觸面積會達到最大值的狀況。

不過，以現在的年齡來說，我絕對會捨棄一切，選擇姐弟旅行。即使走過浪漫的巴黎鐵塔五光十色的浪漫街景、電影中夢幻的遊樂園場景總是心裡會滴咕一聲：這不是該跟男朋友來的地方嗎？手牽著手，情話綿綿，偶爾不經意的來個吻。轉頭一看，在我旁邊的怎麼是我弟；然後他也用一樣無奈的眼神看著我。

人生下來的第一個家庭我沒得選擇，什麼樣的父母、教育背景、幾個兄弟姊妹。但這第一批和我共度童年歲月極有可能因為志趣不同、教育不同、發展不同的玩伴，有可能在和我密切相處了十幾年後，就突然因為人事時地的改變而沒辦法天天相見。未來，我們可能會各自和另外一個人組成家庭，然後兩個身體留著相同血脈的親人，相處的時間反而不比其他人多。因此，我是相當珍惜餅弟還願意跟我一起出門的時光的。也許以後我們年齡更大了，我們感情依然要好，不過因為身邊有了更多需要珍惜的人，那麼要有這樣的姐弟時光就更加的困難了。

感情好不是單純感情好，
所有的關係都需要維修維
護，然後創造珍惜。

有人說，那是因為我和餅弟感情好才能一同出遊。感情好這件事情形容出來很容易，但是其實是很抽象的。從我小時候欺負他、到有點愧疚感、關心他、超愛他，其實需要時間和相處去磨合。絕對不是要趁機向我弟告白，只是想跟正在看書的你分享，情侶旅行或是一個人旅行什麼時候都可以去，可是有些兄弟姊妹的相處時刻，現在錯過了，以後就沒有了。

姐弟旅行也不是只有和諧相處，我們其實在途中吵過無數次的架！尤其最常掀起我們戰爭的就是「寫旅行日記」這件事。也許是懶惰吧，餅弟相當排斥這樣的記錄形式，也希望我可以不要自詡為旅行經驗很豐富似的去管他，他也有他自己的迷路旅行模式。從在比利時的大吵冷戰，我的硬脾氣讓我在激動的話說出口後，後悔懊惱卻拉不下臉來道歉和好；但也因為這樣，我很感謝我們是姐弟，因為無論如何，我們總會和好的。這就是姐弟關係的魔力。盡情的跟他吵架，盡情的發洩，然後不吭聲的和好。

換一個角度來說，我至少很開心在這樣的6歲年紀差距之中，我還有可以教他的東西。旅行對我來說就像是呼吸一樣了，發生的這麼自然、而且不須強求或是規劃的很疲累。我一直覺得我們出門的時候就是最好的年紀，他剛成年，而我能把我早就已經摸索好的方法完整的教給他，不論他能得到多少，我知道，透過這段相處我得到的更多。事實上，我們現在就是遠距離姐弟，人在西雅圖唸書的餅弟，當我們再見面時都會談起那段我們的歐洲旅行，那是只屬於我們的親情回憶。

餅弟看姐弟旅行

　　如果再讓我選擇一次，我也仍會毫不猶豫跟姊姊出發去冒險，自己一人旅行其實比起姐弟旅更容易實行，背起行囊你就是自己的管理人。但姊弟旅行是可遇不可求，因為你永遠都不會知道何時才能再跟你最親近的同系血親找出那一個月的時間，找出那年輕的活力，找出那澎湃的熱情一起去未知的島國尋覓。

　　我喜歡姐弟旅行，因為它讓旅行變得純粹，我看著巴黎鐵塔，在塞納河畔時漫步，喝著左岸咖啡，看著旁邊的人是我姊姊，不需要思考，不需要聯繫，只是感受真真切切的氣氛與美景；但同時它又讓你感到安全，在走路迷失時，在暗夜看到有人在比利時地鐵打架時，旁邊走著的是與你同甘共苦多年的姊姊，心裡無不感到心安與自得。

　　在旅行的途中，姐弟旅行是有遇到障礙的，在我心中黑暗的角落，其實有一部分很反抗不斷跟隨本就是旅行達人的姊姊的指示。而那份自尊終於在比利時爆發了，在我們兩個長大之後從未有過的吵架與冷戰發生了，而且是在異地，是在這麼如此荒謬的時間點。我看著她的背影，她不是我女朋友，我不能跟她分手；她是我的親姊姊，我別無選擇，只能面對我們遲早要和好的事實。聽起來很無奈，但其實這帶給我更多的是喜悅，我終於能看清這段旅程背後的意義。不是歐洲，不是風景，而是那份牽絆帶給我跟姊姊的強大聯繫，至此我知道，不管未來面對再大的困難，我們永遠會是那互相關愛的姐弟。

餅弟有話要說

| 紅燈區：一個女人就是商品的世界 |

故事説到這邊，感覺算是一個賺人熱淚，正面開心，用親情閃光意圖想要閃人的一段可歌可泣的旅程。但，事情就發生在這個18歲以上的成人世界：紅燈區。

説到紅燈區，通常一般人第一個會想到荷蘭阿姆斯特丹的紅燈區櫥窗女郎。但是漢堡Hamburg其實也是一個不容小覷的紅燈城市。在德國的漢堡，紅燈區貨色也可以説是應有盡有，雖然姐弟兩個人一起逛情趣商品店這種行程我是打死也不會告訴媽媽的！（不過書出了她就知道了OMG）紅燈區的商人們真的都太有創意了，很多想都想不透的道具，真的是讓我們兩個瞪大雙眼，完全有劉姥姥進大觀園的感覺！

接下來就要告訴大家一個真理「好奇心殺死貓」是怎麼來的。由於我人生之中真的沒有看過脫衣秀，想説餅弟也18歲了，不然就找間店進去看看跳舞秀好了。一家店外大大的招牌寫著「Non Stop Live Show」，我和餅弟就走進了一家店，各點了一杯10歐元的啤酒坐下看

夜晚的漢堡可不只有遊樂園！
成人世界之不要亂闖：150歐元的代價。

台上的鋼管女郎跳舞。兩個穿的很少的跳舞女郎走過來問我們，要不要請兩個喝一杯酒然後他們就在我們面前為我們跳一隻舞，我想說，聽起來還可以，我就點一杯吧！

對方的酒送來之後，我驚覺是兩瓶香檳，我立刻問說這瓶酒要多少錢！結果竟然是這家店裡面最貴的一瓶酒180歐元！（而且我估計大概只有150ml裝，比兩瓶養樂多還少）兩瓶要價360歐元！！！我立刻發現矛頭不對，決定找酒保理論，不過也只能說我們太笨了，他們點酒的時候並沒有說出酒名，我們也沒有再次確認！就在我覺得莫名其妙，決定站起來離席的時候，對方開始拿出黑道的表情大吼我。「妳現在是想走嗎？你有沒有搞錯？在我店裡不付錢就要走？」我這一生中可能真的沒有遇過壞人，說老實蠻嚇人的，我想說這種只有在八點檔鄉土劇裡的情節怎麼會發生在我身上！最後就只好堅持告訴對方說我身上沒有錢也沒有信用卡，也幸好我的錢和信用卡也沒有全數放在錢包裡，最後還是付了120歐元和台幣1000元了事。（沒錯，他就是要把我身上所有的貨幣都拿光。）但最可惡的事！我都付了150歐了！竟然沒有繼續跳舞！！

66　　不經一事不長一智，去你的黑店！　　99

每個人都有段不堪回首也不願提起的過往。

我與我姐旅行過各個城市，從小我爸媽也致力於讓我多走出國外看看世界，所以每次我每次認識新朋友，一定會儘量聊到旅行相關的話題：

某甲：「哇！你自己一個人去歐洲旅遊？」

我：「沒有啦！我跟我姐一起去過……甲國、乙國、德國的甲城……丙城，還有『漢堡』。」

某甲：「漢堡耶！你有去那些有名的港口跟博物館？」

我：「對啊在那待了幾天。」

某甲：「對了你有沒有去紅燈區看一下妹啊，你的個性忍不住的吧！」

我：「蛤？有紅燈區？我沒去耶？」

「我沒去耶？」

「我沒去耶？」

「我沒去耶？」

「我沒去耶？」

（去你的non stop live show）

餅弟有話要說

LOST IN BERLIN

柏林 當圍牆倒下後，
那些親情、愛情、友情與生活

| 單車＠柏林：路面觀察 |

冷面、嚴謹、一私不苟的德國人形象，再冠上首都的名詞，讓柏林給人生硬冷酷的都市印象。來過德國幾次，卻總是跳過柏林，這個遺憾，我決定和餅弟一起征服，領著他一路來到德國首都。

猶如一般的大城市發展快速，柏林可不像不萊梅雙腳就可以踏遍這個城市，腳踏車，算是最環保、最省錢、同時自由度最高的交通工具。歐洲像是荷蘭阿姆斯特丹、丹麥哥本哈根、瑞典斯德哥爾摩，都是腳踏車設施開發相當完善健全的國家，在德國柏林也處處可見腳踏車的蹤跡。但在柏林騎車，可不像台北的YOUBike如此平靜，每一個路口、每輛單車都相當兇猛，個個都像是在柏林城市內練鐵人三項的選手一般！會讓人突然感受到一種壓迫的速度感！

不過在柏林待了幾天，腳踏車踏了幾天以後我深深的覺得腳踏車這項交通工具還是適合「不會迷路，方向感好的人」。第一、一面騎著腳踏車根本沒辦法一面看地圖，完全搞不清楚騎到哪裡了！第二、攔路人問路成功的機率，比雙腳踏在路上隨機問難得多。第三、同時也是最重要的一點，一但走錯了路，等你一回神，可是用雙腳走的好幾倍遠啊！最後，拍照真的很不方便，不能隨時想拍就拍，畢竟安全第一。不過，在柏林不租用腳踏車真的蠻難行動的，雖然也有地鐵可以搭，但是靈活度還是不比腳踏車──這是唯一讓我稍微希望自己迷路的狀況可以不要這麼嚴重的時候。

| 柏林圍牆，圍不住思念 |

之所以對著柏林抱著這麼大的期待，絕大部分的因素來自於他的歷史背景。光是柏林圍牆就有數不完的事情可以說，我有興趣的不是政治或是戰爭，而是好奇當時的人是如何在那樣的歷史事件中生活。藉由瞭解生活的態度，去理解「隨機應變」的生活智慧是一件很有意思的事情。

柏林圍牆（Berliner Mauer）作為一個知名景點，他的歷史意義更高過於他本身的視覺價值。到底為什麼會有柏林圍牆的存在？

當圍牆倒下，我們要做的事只有立即相擁；在那個年代的柏林人，只能想而已。現代的人，彼此之間並沒有高牆的阻擋，何不給予彼此溫暖的擁抱？

在第二次之後，原本的德國分為東德與西德；分別由蘇聯的共產政黨統治東德-德意志民主共和國，美英法國統治西德-德意志聯邦共和國。一開始只是在東德與西德交界處用鐵絲網區隔，但是約有250萬東德居民逃離東德，許多人通過西柏林前往西德或是其他西歐國家；因此東德政府才在1961年8月13日一夜之間興建了全長155公里的柏林圍牆，瞬間本來是鄰居的朋友親人情人分隔兩地。從此以後就不斷的有各種不同的逃亡事件和手段不斷發生，而東德政府更是下達了開槍射擊令，只要非法翻越柏林圍牆即立即射殺。

這樣的日子維持了28年，柏林圍牆終於在1989年11月9日倒下，東西德也在1990年10月3日統一。寫起來幾百字的簡介故事，卻藏了多少當初從此東西德分隔兩地的故事。有的人可能只是去住宿學校從東柏林到了西柏林，一個時間點的分離，就隔去了28年的歲月。一面牆也許可以擋的住人，卻擋不住思念。

柏林現在不只有柏林圍牆這個留下的斷崖殘壁可以看而已，幾乎可以組成一個一整天的「圍牆探索之旅」，柏林圍牆、當時東西德的交界處「查理檢查站」和他旁邊的柏林圍牆博物館，都很值得一看。觸摸到牆壁的當下，會覺得不過就是一道牆，但看到那些歷史照片和遙遙相望的人們，或者等了一輩子、盼了一輩子卻仍然無法親眼看到圍牆倒下的德國人心情，不禁讓在太陽下的我蒙上了點瓊瑤劇情的憂鬱。即使現在的柏林圍牆已經儼然變成了街頭彩繪藝術品了！

長長的圍牆，聳立在柏林的現代建築物旁；高聳的建築，對比當時的高牆，實體的柏林圍牆已經倒下，人和人之間的心牆也能倒下嗎？

人們望著高牆，爬上高物，
都只是為了見那遠端的親友
一面。見一面，就好。

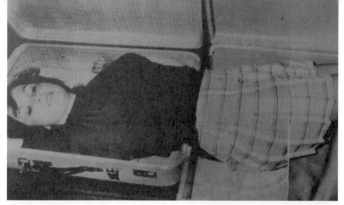

各種不同的逃脫方式：藏
車廂、搭熱氣球，各種奇
形怪招讓我想到了逃脫遊
戲，絞盡腦汁就是要離開
東德這個地方。

我和餅弟都不是讀歷史的，但正因為這樣，我更覺得有必要去看看這些遺跡。本來就熟讀這
段歷史的人，也許你會更有感慨；完全不懂的人，正更驗證了「旅行，不只是玩；更是用另
一種開放式的學習，去瞭解更多的世界知識。」

柏林圍牆博物館其實引發我很多童心。這樣說也許不太好，可是我覺得人被逼急的時候，真
的什麼事情都做得到！由於東西德兩地統治理念大不同，許多東德人為了積極投奔西德，想
出非常多的新奇逃亡方法，在柏林圍牆博物館就可以看到許多照片和很多示範的人體模型。
比如說，在墳場挖地道，然後收錢幫人逃亡；兩對夫妻用窗簾和床單自製熱氣球，升空逃
亡；更有工程師設計強力的彈射裝置，把人彈到幾百米之外的西柏林！在汽車沙發椅墊、後
車廂藏人已經不稀奇了，最厲害的是他們將人彎曲到引擎蓋裡面！真的是激發人無限想像
力！

柏林圍牆，現在已經倒塌了；但你和別人心中的那道牆呢？

著名的《兄弟之吻》圍牆塗鴉，諷刺描述蘇聯領導人布里茲涅夫親吻東德共產黨總書記何內克的畫作，儼然成為這段歷史的代表畫面之一。

| 東德DDR博物館之翻箱倒櫃 |

東西德連線的生活資訊還不只如此，柏林市區還有一個東德
DDR（Deutsche Demokratische Republik）博物館。用非
常鉅細靡遺的方式來呈現東德居民的生活。從車站、車票、
報紙、餐具、衣服、雜誌，使用的電話和家中的佈置、德國
馬克和服飾，只要想的到的東德人生活周邊相關通通都在裡
面完全呈現。從翻箱倒櫃的過程中，看到了他們對生活的態
度，從我的腦海檔案裡面更可以直接比對出東西文化的不相
同。

其中很有意思的區域是「小心！匪諜就在你身邊」的區塊，
在裡面有監聽系統設備的完整呈現，還包括有監禁室、自白
室等設施。在監禁室，你可以直接走進去看、坐下來，體驗
一下關在白色小房間裡面什麼也沒有的恐懼。自白室走進
去，不禁就讓人想像「警察拿著光線直接照著犯人的眼睛，
然後大聲的問說：昨天晚上八點鐘你人在哪裡！」如警匪片
般的畫面出現。不要以為我身為一個演員到哪裡都要演，這
個DDR的自白室裡面很貼心地做了一個互動裝置，在桌子
上的鐵片需要參觀者將兩手的手肘放置在上面，然後手蓋住
耳朵之後就可以聽到導覽的聲音。所以拍照時自然形成了
「不！我不知道！我真的什麼都不知道！」的畫面。

現代的我們看看這些畫面和器具覺得很有趣，但在當時，不
論說什麼做什麼，隨時都有可能有人在監聽的不自由，光是
想像就讓我這個脫口秀演員不寒而慄。我可能嘴巴才剛張
開，就被抓走了吧！

3

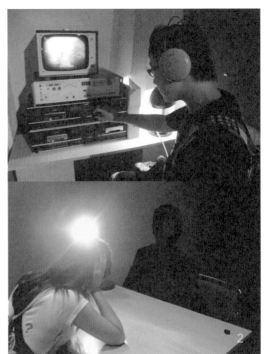

1 我在DDR嘗試體驗侵入別人家的感受

2 嗚著耳朵,想像著罪犯被逼迫自白的
  心聲;被監控的時代,卻阻止不了人
  們心中奔向自由的渴望。

3 純白狹窄的監禁房間,訴說著政治罪
  犯的無奈

4 DDR完全讓參觀者能夠融入當時的東
  德生活,除了沙發床隨你坐,連衣服
  都能隨意搭配拍照

| 文化之旅就一定高尚？ |

在這段的旅程之中，我其實有刻意引導、安排，想讓餅弟多接觸文化層面的旅行方式、能夠靜下心的好好看博物館或是展覽。雖然我本身也不是那種「什麼！有博物館！我非看不可！」的人，只是對於去到某一個國家花時間逛博物館這件事情我一點都不排斥。一個人要活潑、要很high那很容易，如果場合有必要的話，裝出來也可以，不過當你需要沉靜下來思考和咀嚼看到的文物和歷史脈絡，去追尋思索是什麼樣的心態和心境導致某一個事件或物件的留存時，那樣的邏輯思索需要懂得能專心、靜態思索的人才能做到。

我希望我們都能成為這樣的人。能動能靜、能在需要的時候動腦思考，就算是兩人同行一起看展覽，也不定要同步，不要影響當下對同一個物件的思考角度，也許事後討論可以發現更多元的觀點。

但我並不認為旅行就非看博物館、畫展、歷史文物不可。不要被別人影響，旅行是你自己的事。

舉個例子，說也慚愧，雖然留學瑞士卻不喜歡喝葡萄酒，也不愛喝咖啡。所以對我來說，歐洲知名的啤酒廠和葡萄酒莊探險之旅完完全全就是一場惡夢。我可以體驗一個地方、一個酒莊，大致瞭解歐洲葡萄酒之所以知名的原因、嚐幾口體驗，但不用花大把時間在這件事情上面；如果你喜歡購物，或許你會問：「為什麼不培養你弟學會聰明購物這件事情？」

因為我不會。這不是我擅長的範圍。我只能告訴他我懂的、還有我最舒服的旅行方式；所以我的旅程中能拿出來分享的也就是這些我從博物館得到的小細節和小故事。餅弟喜歡吃遍世界各地的美食，那他的旅程就沒有什麼堅持，但是一定要讓他找到道地的當地料理，這就是他的擅長。

| 情報在嘴上：美食文化遇廚人 |

迷路旅行的宗旨：所有的資訊長在嘴巴上，「開口問」絕對是最新最快的第一手資訊。一路旅行下來，餅弟已經很敢向路人搭訕了！所以我開始放他一個人去問問題。差不多到晚餐時間，餅弟問到了一家距離我們還需要踩腳踏車一段時間的Local Bear Garden. 位子蠻偏僻的，看起來似乎在一個高架橋的邊邊。

「問」，是一件很有技巧的事，除了敢開口之外，最重要的就是得到了答案之後，你判斷「要不要相信這個人的推薦」。秉持著觀察的態度，決定跟著餅弟走，一路上當然還是迷了路，但驚奇的是，似乎越靠近目地的，就越發現幾乎每一個路人都知道這間餐廳。通常這樣的跡象顯示，這間店勢必在這個區域小有名氣，當我們到達的時候最驚訝的是，這個餐廳幾乎沒有觀光客的蹤跡。

餅弟和我的東方臉孔似乎在這個Local Bear Garden裡面顯得突兀，在戶外的樹蔭座位下，滿滿的都是當地的客人。一直到點餐才開始慌了手腳，這間店完全沒有英文菜單，天知道我的破德文只能看得懂豬肉牛肉和雞肉，一時情急下，只好搭訕前面的點餐客人。

非吃不可的當地美食就在當地人的腦子裡，不問，怎麼知道呢？

相當舒適的花園餐廳，一眼望去全是本地人。

這世界真的冥冥之中會安排很多貴人給你，在我們前面排隊的這群人中的一位男士竟開始滔滔不絕的用流利的英文講解每一道菜，菜色清清楚楚，哪一道是非嚐不可的德國道地料理，甚至配菜醬料烹飪手法都無一遺漏。我開玩笑的說，你講的好像這菜就是你煮的一樣！他的朋友們才說，他的職業是廚師——我們請到德國的專業廚師來替我們講解點菜！氣氛炒熱了，也點了一杯的道地德國啤酒和他們共進晚餐。

66 好運，總是來得意想不到；當你需要幫助的時候，只要願意先發出
聲音，就能找到解決之道 99

旅行就是要吃美食啊

　　雖然姐姐比我會旅行，還說什麼有時就是要當機立斷不能問櫃檯問太久，結果真正好吃的一餐還不是被我給問到了！其實一直到這次吃飯的經驗，我才下了很重大的結論—旅行的時候要去看不到觀光客的地方。因為這代表著你真正抵達了純粹只有本地文化的景點，能吃到本地口味的食物，認識真正的當地人，而非全然地跟各國的旅行背包客交朋友，而且，如此一來才能真正感受什麼是德國、什麼是柏林、什麼是正港的柏林白豬腳！

餅弟有話要說

德國傷痛，歐洲被害猶太人紀念碑

德國的歷史之中除了柏林圍牆之外，最常被拿出來討論的就是納粹執政的歷史。其中的猶太人大屠殺的事件更是時常被探索知識頻道所揭露播報。猶太人大屠殺（Holocaust），是指第二次世界大戰中，由德國納粹主導的種族滅絕行動，當時共有600萬名猶太人遭到屠殺。

這是德國一段相當悲傷的回憶。但是現在能有這麼完整的文獻可以參閱，其實我相當佩服現代的德國人與德國政府。他們堂堂正正的接受這段歷史，向國際間認錯，而且把歷史的文物與發生的內容完整的紀錄下來，公告於世人。他們擁抱這段歷史，不抹滅、不抹黑的保留下來，某一些東方國家還做不到這樣的心胸。

整個歐洲裡，有很多當時的集中營目前都已經開放讓現在的人參觀，在柏林雖然是位於當時大屠殺的政治指令中心，但是是沒有實際的歷史建築存留下來的。不過由於當時所造成的傷亡實在太大，德國政府相當正視這個問題，因此請藝術家在市區創作了歐洲被害猶太人紀念碑（Denkmal für die ermordeten Juden Europas），也稱為浩劫紀念碑，共2711塊混凝土板的石林聳立在柏林的城市中。

一塊塊的石板彷彿是墓碑一樣，沒有任何文字，沒有任何姓名，用沉默的方式來形容當時納粹無視每一個猶太人尊容的總族政治迫害。英文的翻譯寫著Memorial to the Murdered Jews

歐洲被害猶太人紀念碑：林立的石林，用他們未刻字的表面，訴說著那些無名的猶太犧牲者悲痛。

of Europe，這是史上最大宗的謀殺案件，地面下歷史資料館也真實地記錄著這大規模而有計劃的屠殺。

"It happened, therefore it can happen again : this is the core of what we have to say."（我們一定要說出這些事情的原因，是因為它發生了，而且它有可能再發生。）一名猶太人倖存者說出的話大大地聳立在紀念館的入口，六張大幅的猶太人受害者的照片代表著600萬受難者的沉痛。

歷史和旅遊一樣，不會只有開心的事情，就像生活總會有酸甜苦辣。當然，不需要刻意的專門往「不開心」或沉重的歷史去，但更不要刻意去避開這些事件，擁抱歷史才能深刻的了解這個國家演變成現在面貌的過程。

在旅行的過程中會看到很多不同面向的事情，也很容易被情緒影響。我舉個例子來說，如果我在看紀念館的時候然仍刻意過度的保持「旅行就是應該要開心」的情緒，反而會讓我產生情緒上的矛盾。所以，面對這些故事和事件，去學習體會、同情和諒解，能夠增加旅行的深度，也能同時了解訓練自己調節情緒的能力。

»Es ist geschehen, und folglich kann es wieder geschehen. Darin liegt der Kern dessen, was wir zu sagen haben.«

»It happened, therefore it can happen again: this is the core of what we have to say.« Primo Levi

我們一定要說出這些事情的原因，是因為它發生了，而且它有可能再發生。

這六個猶太人面容，代表著600萬受難者的沉痛。

在資料館裡可以看到大量的猶太人資料，15個猶太家庭在面對迫害前的幸福生活；家族間互通的明信片或是信件；歐洲各地的集中營資訊，還有一個很特別、空蕩蕩的姓名廳。姓名廳內來訪的旅客可以坐下，然後聽著迴盪的廣播聲音念著一個又一個被殺害或是失蹤的猶太人姓名和簡單的生平介紹。600多萬名受害的猶太人，只有300多萬的人在這個廳室內停留了些許的時間，完整的輪迴一遍大約需要6年7個月又27天。

這個紀念館將猶太人的各類的書信展示在地面上，這樣的設計自然的讓參觀者能夠低著頭去沉思與哀悼。"We are leaving tomorrow, for who knows where. I'm hugging you in tears. I would so much have loved to hug you again…" "We would so love to live, but they won't let us and we will die…"正是因為用簡單的英文翻譯表達，更能深刻感受這留下來每一字每一句。現在的旅人用明信片記錄生活、傳送關愛給親人朋友，但在以前收到一張這樣的明信片，上面的文字每一橫每一豎，都多麼令人心痛。

66 接受每個城市的過去，透過旅行，和這個國家的歷史一起呼吸。 **99**

低下頭，謙虛的、包容的、將心比心的去看看每個城市的過去。

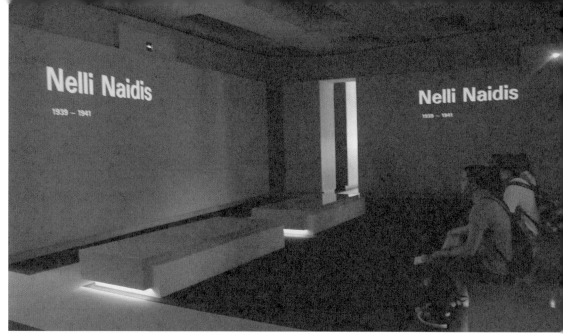

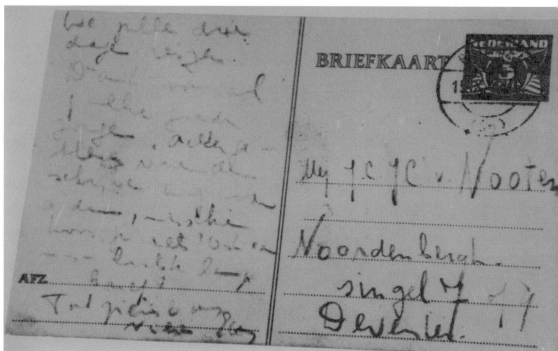

姓名廳內，沒有照片沒有任何圖像，只迴盪著的受害者姓名和短短的生平介紹。
而猶太家庭中互相聯繫的明信片，讓這個現代傳遞幸福與思念的郵遞物品添增了
更多的沉痛思緒。

德國新天鵝堡的排隊系
統井然有序,不需要曬
「冤枉」的排隊太陽。

| 聰明排隊,網路科技幫你排 |

在旅程的一開始,記得第一個排隊到累死人的知名景點就是
巴黎的羅浮宮。怎麼說都該去朝聖的藝術殿堂,第一天就讓
我嘗到歐洲天然三溫暖威力,一排隊就是一兩個小時。其實
要省下這個時間的方法是有的,現在在歐洲有很多知名景
點,像是前面提的羅浮宮、新天鵝堡、還有這次我拿來當範
例的柏林國會大廈,都有可以輕鬆省下排隊時間的小方法!

現在大部分有的觀光方式都是採「系統數位化」的方式來管
控觀光客的數量,而且他們開放「網路預售票」,每一次每
一個時段能夠進入國會大廈的旅客人數都是固定的。就像去
電影院買票一樣,有網路售票名額和當天現場買票的名額,
所以如果事前知道要參觀這個地方,在網站上先預購好票券
可以省下很多時間。

大約花了1個半小時的時間埋沒在國會大廈的排隊人潮中,
但幸運的是原本排到的是下午3點以後的入場時段,因為原
本預約的人沒有到場而得以拿到黃色的小卡片可以「立刻入

場」！其實說到底，排隊是不是真的這麼浪費時間？在國內排隊，有的時候你會用和朋友聊天來打發時間，在這段期間我除了做旅行筆記、和餅弟聊天交流了解他的看法之外，我也很喜歡觀察路人。看看不在排隊的當地人的日常生活都在做些什麼樣的事情。觀察它們的穿著、談吐的方式還有附近的地形環境，也順道想一想等等要去哪裡。

雖然我實在不愛排隊，但是我找到了在排隊中能做到和完成的事，旅行有的時候也是不需要這麼緊湊，和這麼的「剛剛好」。

迷・路・旅・行 / TIPS

你或許想問：妳不是迷路旅行，不要安排行程嗎？那又要怎麼先預購門票啊？是的……我同意你的論點，於是乎其實我還是花了很多時間在排隊買票上面。但畢竟不是每一個人都習慣這麼隨性的態度，通常前一個晚上就會想想要去哪邊，這個時候就可以上網訂票啦！除此之外，建議大家，如果你今天要去哪裡，在離開你的旅館前就知道了，也可以先詢問一下旅館的工作人員，通常他們手上都會有價格相同甚至更便宜的團體票可以購買，也可以省下一些時間噢！

柏林的國會大廈特殊的螺旋設計＋好天氣。

| 單人、雙人、還是多人旅行？ |

我一直偏愛一個人迷路旅行。網路上有百百篇如何在瞬間失去你的旅伴的例子，身旁也有不少朋友因為找到了不合調的夥伴，反而讓整個旅行黯然失色不少，心情大受影響。

興趣很重要，其次是個性。

不是人人都喜歡一個人旅行，也不是每一個人都適合。首先要抓住你們的旅行目的是不是一樣的？興趣是不是相符合？餅弟喜歡美食也喜歡音樂，我喜歡看歷史文物，說實在的交集實在是不大。在柏林的時候，有一個BBox活動，比賽在城市裡進行著，我們幾乎花了整個下午的時間尋找這個活動舉辦地，最後卻沒有找到。

雖然BBox不是我的興趣，但是我願意空出時間陪他找；而在我逛博物館的時候，他也挺隨遇而安的「認命」的接受我的安排。如果可以興趣相符最好，若是興趣不同，那麼就要看個性了。有的人天生對於不同的事物接受度就比較高、或者就喜歡「陪伴」的感覺，最重要的是對於某一方的感興趣的事物，不能有厭惡到引起心裡的不愉快的地步，否則這樣的旅伴組合就一定會面臨破局的窘境。

STEP 2.6

LOST IN MÜNCHEN

慕尼黑

那個為了啤酒而生、
為了啤酒而狂歡的城市

｜過夜火車｜

我們決定搭火車從柏林到慕尼黑的德國南邊大城市，原本打算省掉這天的住宿費用直接搭夜車舒舒服服的一站到底，但因為不知道行程的天數，搭乘的確切日期，因此當然沒有先上網買票，但問題就出現了！天知道我們最後決定的那天是個連續三天的假日起頭，正好一張票也沒有了，這開啟了我們當晚的漫漫長夜坎坷路。

原本只要9小時的火車車程夜車，一轉眼變成了11個小時以上，更誇張的是中間的睡眠還要被打斷兩次，起身換兩次車。最可怕的是在半夜的時候非常容易睡過頭，尤其到時間差不多快到的時候，必須一直精神緊繃的確認每一站的站名是否要下車；再者，一向火車時間相當嚴謹準時的德國國鐵DB，竟然因為難得的「鐵路夏季休息」時光而大大的出現延遲的狀況。由於暑假的時候白天天氣太熱，因此在某一些區間的軌道會在某個時段封鎖一段鐵路，避免因為鐵軌的熱脹冷縮再加上使用過度而發生脫軌的交通意外。（這段也是聽旁邊的站務人員解說的。）

當下一次又一次的換車，半夜12點下車，在冷冽的火車站等了1個多小時才等到下一班車；半夜4點鐘下車，到了5點多才看到要去終點站的火車緩緩入站，真的蠻折磨人的。原本一班夜車就可以到站的柏林慕尼黑，卻折騰了我們一整夜，換車兩次，半夜4點多等著延遲的列車，濃濃的睡意加上涼風，姐弟倆依偎著，真的很有流浪的感覺。

這是此段旅程之中我唯一有點後悔沒有事先訂好火車票的一個事件，畢竟，旅行不是為了折磨自己的心性或是了解自己到底有多能熬夜啦；但是換一個角度來說，也可以告訴喜歡冒險的人，你永遠都不用擔心在當下你做不了你想做的事、或是你去不了你想去的地方，只要你堅持堅定，也許會多繞點路、也許會多轉幾次車，但是一樣到的了終點。

66 提早計劃的人，他們能安安穩穩的到達終點站，但他們失去了旅行過程的彈性度；而迷路冒險的人，也許到達終點站的時候你覺得的走得鼻青臉腫的，但回頭想想，你獲得了不一樣的旅行風貌，不是嗎？ 99

| HB Hofbräuhaus München德國非喝啤酒不可的理由 |

德國在1516年頒布了一條「德國啤酒純釀法令」，內容直接規定指名德國啤酒只能以德國大麥、啤酒花、水和酵母四種原料來製作，因此德國啤酒到現在依然維持著純正啤酒釀造法。到了德國，真的會發現德國人幾乎把啤酒當水喝。大白天就可以開始喝啤酒了，當然練出來的酒量也是相當驚人的。

我不愛喝酒，主要是因為我是靠主持、演脫口秀維生，一旦酒精下肚，不爭氣的喉嚨會立馬鎖喉變成糖果屋裡面的老巫婆音調，但即便如此，到了德國我還是入境隨俗的點了啤酒嚐嚐在慕尼黑，每一年都有盛大的慕尼黑啤酒節，據說光是這個節慶每一年都可以銷掉600多萬公升的啤酒，而啤酒節的中心地帶Hofbräuhaus München這間餐廳是絕對不可以錯過的非造訪不可的啤酒聖地。

其實這不是我第一次來慕尼黑了，但這個城市我堅持一定要帶餅弟來，這間餐廳更有著我不想讓立志吃遍天下美食的他錯過的傳統料理。除了有穿著傳統服裝的德國服務生妹妹可以看之外，道地的德國豬腳餐和1公升的啤酒杯，配上現場的樂隊演奏，即使外面天暗了，抬頭看看天花板上的圖騰設計，心曠神怡。

德國人到底有多愛喝啤酒？看菜單上的啤酒種類！看周圍的人酒杯的數量！連計程車都可以用啤酒做標記，即使不愛喝的人，也會大受感染來個一杯！

德國的啤酒都是新鮮釀造，百百款的啤酒在菜單上琳琅滿目，連不喝啤酒的我都入境隨俗忍不住點了一杯！

> 66 旅行，有的時候是為了實際的去沾染氣息，感受氣氛。原本你不喜歡的事情，在當下也變得自然接受了。然後你就會驚奇的發現，自己的另外一個、不同於以往的可能性。 99

德國烤豬腳和一定要挑戰的一公升啤酒，這個以啤酒作為標誌的城市，
啤酒就是他們生活的一部分。

| 走！我們去寧芬堡選美女 |

除了博物館、教堂以外，歐洲就是城堡、宮殿、城堡的聖地。來到慕尼黑的郊區，德國境內最大的巴洛克式皇宮建築寧芬堡Schloss Nymphenburg是不可以錯過的重要景色之一。看了這麼多的宮殿城堡，其實對於擺飾、傢俱還有無限的奢華裝潢已經沒有什麼區別的感覺了，加上其實我已經是第二次來這邊啦！所以聽聽這些國王皇后的八卦故事，或是生活細節反而成為參觀之中最重要的樂趣。

在寧芬堡的南側有一個馬廄博物館以及一個遠近馳名的畫廊：美人畫廊（Gallery of Beauty），畫廊裡收藏的是由被人稱之為「最愛美女的國王：路德維希一世Ludwig I」請畫工為36位當時的美女們所繪製的畫像。這種感覺很像以前的中國皇帝會讓畫匠為入宮的女子們畫像，然後根據畫像的樣子來挑選宮女和妃子。不過不太相同的是，這些美人都由路德維希一世親自鑑定過後，才請畫工畫下她們的樣子。

● 睽違三年同樣的展覽品，同人不同髮型的加冕儀式。

不過不是每一個美女都和這位國王有關係，有些人真的成為國王的寵妾情婦，有些人則是貌美的皇宮貴族，因為太漂亮了，所以才被畫下來供人觀賞。真心的覺得歐洲的國王運氣好好，看著這些美女畫像，再看看那些曾經流傳在網路上的中國皇帝清末的妃子照片，這才叫做真的美人，欽點美人欣賞畫作的感覺才真正羨煞現代的男性吧！

在美女畫廊中也有幾位「非皇宮貴族」的女孩。像是混血兒的女舞蹈家Lola Montez，靠著她的美貌成為了國王最愛的情婦，甚至讓國王在王后去世之後企圖將她進一步封后成為一國之母。但因為她的出身並非貴族，所以在國王強制想要突破體制冊封她時，造成了激烈的遊行反抗，最後導致路德維希一世退位，是美人畫廊中牽動歷史事件很重要的一個角色。

混血兒的女舞蹈家Lola Montez、平民出身的Helene Sedlmayr，只要是
美女不分階級都可以掛上美女畫廊，以這方面來説，國王挺公平的嘛！

此外，另外這位Helene Sedlmayr，她的出身是一個鞋匠的女兒，照理來說她的血統在那個年代完全無法登大雅之堂。但是聽說國王微服出巡時，因為她實在長得太漂亮了，所以就決定將她畫下來收藏，甚至還被封為美女畫廊中的花魁！據說她後來也成為了國王的秘密情人。

這些故事不是我亂掰的，而是現場旁邊就坐著一位工作人員，由於我和餅弟實在是在這些畫作下看太久了，可能覺得我們不是趕時間走馬看花的觀光客，就過來和我們說著這些美人的故事。果然，故事都是藏在人的腦子裡的！現代照相機成像技術發達，已經很少有人特別去繪製「畫像」了，但看著這些被燈光照耀，鑲著金邊框的美麗女孩們，由畫作親手繪製的那種溫度和細緻感，讓我忍不住在那個每人畫廊中多逗留了一會兒。

這些畫作，讓這些美女的美，變得更加的不真實而迷人。

餅弟認真的看了36張畫後，選了她Caroline Lizius是整個畫廊中最符合他口味的樣子，Caroline是路德維希一是曾經稱過她為「慕尼黑最美麗的女子」的人。

| 咕咕鐘緣分：謝謝台灣人 |

我常常覺得這個世界運作的方式是將整個地球不分國籍的緊緊牽連著的，每一個曾經發生過的事，每一件在這個世界各個角落所作出的行動他都會在某個地方默默的發酵，即使做的當下你沒有什麼感覺。在慕尼黑，德國的最後一站，根據買紀念品的原則來說，現在就是下手的最好時機了！這時買可以少很多「提行李」的冤枉路。決心帶一個德國咕咕鐘回台灣給阿姨當禮物！逛著逛著來到了一家咕咕鐘專賣店，也許是東方臉孔的關係，店員們互相交換了眼神後，一位東方臉孔的店員跟著我們開始對我們進行產品的講解。

介紹著便聊了起來，原來他是從日本來的。聊了聊，其實我們最後並沒有看到中意的咕咕鐘打算要離開了，"Where are you from?"他隨口問道，餅弟回了一句"Taiwan"。現下這位日本人用一個非常尊敬的語氣彎腰跟我們鞠躬"Thank you Taiwan for 311."突如其來的舉動，當下我真的嚇到了！不需要這麼認真的跟我道謝啦！其實我似乎沒有幫上什麼忙……「重點不是你個人有沒有幫上什麼忙，而是你所屬的國家，你們整體的國民，深深的讓日本人感念在心裡。再一次Thank you very much.」

離開這家店前，我和餅弟還是沒看到屬意的東西，決定離開。這位日本店員，送我們到店門口，依然用深深的一鞠躬"Thank you, Taiwan."

特別是這句跨越日本到德國來的謝謝，更別具意義。很多人常常抱怨台灣、認為我們是一個多麼不適合居住的地方，但我們對於社區、弱勢的關懷，還有那一些的人情味，對於友邦伸出的援手，換來的是多麼正面和平的能量。

66 從來不曾覺得一句簡單的謝謝竟能給予這麼深刻而震撼的能量。**99**

回國後會致力於扶青團的社區服務，成為一個「做一件事情之前，先想想看能不能夠結合公益」的人，這件事情影響我很深。不是一定要獲得什麼回報，也不是在貪圖那個被鞠躬感謝的成就感，是善的交流。流動在人與人之間的善意往來，還有這份暖流我相信會一直傳下去。台灣，我所愛著的國家；我的同胞們與我的父母，他們的捐贈給了日本人民希望和暖意，而這些善良而充滿愛的能量，在德國回流給了子女我們，然後受到了感動，餅弟和我繼續循環將正面能量流傳下去。

66 工作讓人自由 Arbeit Macht Frei 99

| 達豪集中營 |

我決定要來慕尼黑，很大的一個部分是想讓餅弟看看DacHaw達豪集中營。在柏林的介紹時就已經說過這段德國人揮之不去的夢魘歷史，但那裡只是一個文字記錄館，我依稀記得第一次到這個地方的時候，是和當時住在同一間YH認識的台灣女孩小貝和Elaine，走出集中營的時候，因為畫面和感受實在太真實了，連笑也笑不出來，拍照的時候真的有一種「嬉鬧會遭天譴」的感覺。離開的時候，我心裡不由地升起一個聲音：「我真的好幸福，珍惜每一天和看似不重要的每一個時光，對於這些在集中營裡的受難者來說都是一種奢侈。」

我不是一個這麼壞的姊姊，非要用這種震撼教育來逼迫自己的弟弟成長。而是我認為他年齡夠大了，心靈上已經夠成熟去了解一些歷史事實，然後用他自己的力量和理解去把好的能量傳達給他的世界。餅弟本來就不是一個奢侈浪費的人，但是我堅信來到這個集中營一次，比看更多的教科書和Discovery都來的有用。

集中營的入口鐵門上寫著「工作讓人自由Arbeit Macht Frei」，這個標語在現在看來尤其諷刺，在裡面每天都被操的疲憊不堪、出賣勞力卻還是換不來自由太陽的猶太人來說，這句話絕不是希望而是令人唾棄、不會實現的謊言；但是仔細想想這句話的意思是說想要有某種程度的自由，就必須要先有所束縛。之前上過一位台灣行銷大師金克拉大師傳人系統所說的話：「凡要有所成就，一定要先自律。」而在自律的規劃下有目標的工作，才能達到某種生活上或是心靈上的自由。

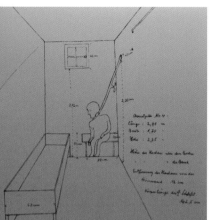 

達豪集中營在1933年建營，到1945年被美軍解放，短短12年，根據記錄有3萬多名猶太人魂斷於此，超過21萬多人曾經被這個集中營奪去自由和笑容。在這個當初只設計給6000人住，最後在同一時間擠滿2萬多人的地方，每一個房間睡了52個人，比現在的養豬場環境都還不如。

幾乎是每個猶太人噩夢的名詞「X營舍」，從左到右，更衣室、毒氣室、焚化室，一條線作業，連「滅絕」人這件事情，都不想多花一點力氣的設計。真是讓人反胃。這裡的每一條生命，在當時真的有被視為是一個生命嗎？比起在柏林看的那些文字陳列資料，集中營內的行刑處雖然沒有照片，卻更讓人氣憤不已的想要脫口大罵「你們真的有把人當人看？」

狹窄的空間，用繩子圈著政治犯，在那個年代當然沒有什麼人權團體，昏暗的燈光卻也照不出那些人的無奈心境。

明顯過度擁擠的集中營，在當時卻沒有想要放過這些猶太人的意思，過度的擠塞，讓我覺得這些人待的地方甚至比現在的豬圈還要不如。

第二次來到這個地方，剛踏入的時候，我幾乎快要忘記第一次離開時的沉重心情；再看一次導覽的英文資料，順著一個又一個的告示牌，我又再次拾起了那份悲憤，還有對現在這個文明社會的無限感激。我們所一直呼籲、所希望的和平，如果每次的戰爭都有可能出現一個類似這樣的產物，即使不是大屠殺，但如果仍然有用這樣的勞動服務、惡劣的環境去關戰俘的話，請一起真心的祈禱世界和平。

當時的宣傳海報：OUR LAST HOPE, HITLER V.S. The more prisoners die, the better.「希特勒，是我們最後的希望」

The more prisoners die, the better.

「越多囚犯者死亡，越好」對比X營舍的更衣等待室、毒氣室、焚化室，諷刺得令人心痛。

諷刺的陽光與象徵自由敞開的大門，獻給這些時不我與的猶太人們。敬自由人權還有隨心所欲的愛

我瞄了瞄餅弟，他也一樣收起了笑容，用莊嚴的態度來面對集中營的過去；也許，柏林給他的文字只是讓他深刻的認知一段歷史所造成的情緒傷痛、但達豪集中營所帶來的是更直接性的衝擊體驗。走出集中營，呼吸著自由的空氣，迷路旅行對於集中營的人來說，是多麼奢侈的享受，我想在那個時候若是可以放他們出來隨意走動，隨著自我意志想到哪就去哪裡的話，應該沒有人會想這麼多了。什麼勇氣、什麼跳脫舒適圈、什麼父母擔憂、什麼心理建設，只要可以離開那樣的生活，要他們拿什麼作為交換都會毫不考慮的答應吧。

R.I.P.

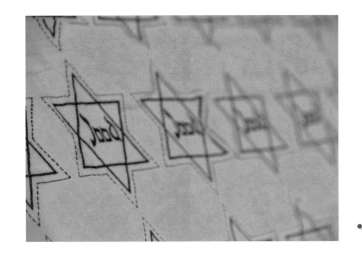

大型的滾布上，排列著尚未被裁切、代表猶太人的黃色星星；旅途上所經歷的所有事情都不會是毫無意義，每一個細碎的資訊，也許就能在某一天，幫助你了解某一件事情的更深面貌。

| 每一件在旅行中發生的事，都會成為你理解下一件事情的墊腳石 |

我一直都堅信每一個旅行的時刻、每一件發生的事情、甚至是每一個認識的人都不會是毫無意義的，生活的每一個階段都會因為前面發生的某一件事而產生連動性的影響。就像我對於這段德國納粹的歷史，第一次我直接來到達豪集中營的時候，並沒有到過在柏林的歐洲被害猶太人紀念碑，只是感受到其中的氛圍並對環境的惡劣感到震撼；但經過不同的知識文字記錄傳達後，看到一樣的營區、一樣的毒氣室，那些受害猶太人信件文字歷歷在目，情緒上的波動和感受更加的不同。

在直接面對了解這段歷史之後，我不再認為他們只是教科書上的一段與我不相干、甚至是遠在天邊的戰爭故事，在生活中也會開始關注相方面的訊息。我除了是個旅行迷，同時也是個舞台劇迷；在2014年4月，我去觀賞了台南人劇團的春天戲水系列的劇場作品，其中一部《浪跡天涯》正述說著納粹黨在第二次世界大戰時迫害同性戀的故事。這才更擴大了我對這段歷史的了解，除了猶太人、戰俘、政治思想犯、還有同性戀者。

整個集中營的制度，就像軍官的官階一樣，用不同顏色的星星為他們打上記號，標示著在集中營中不同的囚犯。猶太人拿到的是黃色星星，而同性戀拿到的則是比猶太人更為下等的粉紅色星星。在那樣讓我覺得不忍卒聽的惡劣環境之中，竟然還有人比猶太人生活得更為下等。讓我對於集中營的歷史，又增加了不同的見解，也因為我親身實際去了解過這段歷史，所以當我觀賞著這部戲劇的時候，又為戲劇的真實性和體會角色的情緒反應更為深切感受。在一層又一層的限制之下，真的有很多身不由己。

這件事情還有續集，2014年5月，我到了荷蘭的鹿特丹走走。鹿特丹是一個相當現代而且摩登的城市，我在當地的博物館中竟正好看到了「100件代表第二次世界大戰的物品」相關展覽。其中有10幾個展覽物品，正是與猶太人歷史相關的文物，包含猶太人為了逃亡而製作的假證件、知名的猶太人安妮的日記文件、還有囚犯制服上的星星。當下看到那面大量製造不徽章的滾輪布，我的心裡一陣電流，所有的思緒將這一串歷史瞬間全部都串了起來，原本看似瑣碎的資訊細節，將整個第二次世界大戰，德國納粹的事件串成了歷史的軸面。

迷·路·旅·行 / TIPS

「每一件在旅行中發生的事，都會成為你理解下一件事情的墊腳石。」旅行就像是一場大型的偵探解謎小說，我們一直都在霧中不斷的解謎然後發現真相。這樣聽起來，每個人都是福爾摩斯呢！

| 你說得出屬於你的國家的驕傲嗎？ |

每一個國家總有他驕傲的地方，不可否認HTC、臺北101絕對是台灣指標性的商品和標竿建築；法國有知名品牌LV和巴黎鐵塔；在德國，絕對不會忘記的品牌絕對是他們的鐵血工業BMW。

女孩與男孩天生有別，我真的對BMW毫無研究，但我知道男孩子們看到BMW名車和重機，眼神之中總還是會露出一些閃爍的光芒。於是我帶著餅弟，去了一趟BMW博物館，簡單的來說就是「觀光品牌推廣大樓」。一個品牌若想要運用展覽和觀光的方式推廣品牌價值，那就真的用展覽的規格來做。從這個展覽館中可以看到BMW對於展示品的嚴謹態度和展區的用心規劃；原定隨性走個一小時就閃人的展覽區，我們竟然一晃就是一整個下午。

BMW展覽館非常有誠意的規劃，讓原本不懂車的人也能夠看得開心！

還想提一提的我們在路上遇上的兩個台灣女孩。

有兩個台灣女生從我們在達豪集中營時就一路一起搭公車來到BMW博物館，路上雖然一直都沒有搭話，但是聽口音應該是台灣人沒錯。到展覽區，我們搭了話幾句，但卻沒有繼續深聊，雖然常常碰到、對到眼，不過最後還是各自走各自的行程；相較之下，我們在2009年認識的兩個台灣女孩小貝和Elaine，我們多了很多交集，除了正好在旅館中睡在同一個房間之外，也一起分享了旅行中的一天行程，一個人的旅行在遇到她們的那天也享受了有旅伴的生活。

其實，旅伴這件事情真的不需要強求。這和出國前就決定好幾個人出遊不一樣，意思是，不要急著在旅行中交新朋友。交朋友真的需要緣分，需要正好聊得來、需要你和他正好有時間、需要你們正好心情都不錯願意接受新的生活刺激。這樣的朋友才不會成為只是萍水相逢，只是讓FB的朋友又多了一個。

2009年的臨時旅伴，
台灣女孩小貝和Elaine

> 66 每個旅人都是一扇國民外交的大門，一個人的出走也許無法改變世
> 界，但我們都應該訓練可以驕傲的告訴外國的朋友：我來自台灣。 99

小貝和Elaine回台灣後，和我陸陸續續都還是有聯繫，偶爾
約出來吃頓飯，聊聊當時的巧遇。他鄉遇故知真的是一件蠻
感動的事情。在台灣的時候，面對媒體失焦的新聞轟炸，常
常容易讓我們忘了台灣的美好；又或者身在福中不知福，當
某些事物在身旁唾手可得的時候，就往往會忘記它的珍貴。
出了國，會對自己的國家更有認同感和榮譽心，而且在一次
又一次的與外國人接觸的時候，會累積「如何用最簡明的方
式介紹台灣」的能力。台灣的特色、台灣的文化、台灣在哪
裡，這些最基本的問題，真的可以在出國前先反問自己，若
是有人問你，你會怎麼答？

旅行中，真的可以讓人更懂得珍惜。

| 在青年旅館，連夜晚都有故事 |

在這段YH青年旅館的旅程之中，和我們一起睡覺的，不只是會遇上乖乖牌，有的時候也是會遇上派對咖的。在慕尼黑住上的這間距離火車站不到3分鐘的背包客棧，男女混宿，10個人一間房。一進房間就遇上了「正在運動中」的男女，著實的讓我和餅弟嚇了一跳，理論上來說應該是他們要慌亂的，但是他們卻淡定的和我們打招呼還自我介紹！我們兩個只好慌著手腳說著抱歉，放下行李之後暫時離開房間。

在青年旅館真的什麼樣的人都可以遇到，神經質的母女、畫家、小說家、情侶、準備要面試的學生、退休的老夫妻……這裡可以說是世界的聯誼廳，想要認識什麼樣的人，也許他就正好睡在你的隔壁床上。所以對我來說，這就像是打開一個驚喜盒一樣，你永遠不知道盒內會冒出來的是會咬你一口的毒蛇、理都不理你的高傲飛鷹還是平易近人的可愛柴犬，一直到你推開門的那剎那，都還不一定。因為你的室友會天天換，這已經不是健達XX蛋了，說是三個願望一次滿足都還太少了呢。

晚上回到在慕尼黑的旅館，卻發現我們的房間傳來的棟次棟次的電音派對聲響，一推門進去發現，10人的房間簡直變成了KTV的包廂一樣，一群人在旅館陽台上播著電音的音樂，每

人人手一瓶啤酒罐，當然，早上遇見的情侶也在其中。我和餅弟立馬加入了他們的陣營，原來我們是亂入到了一群人的畢業旅行中了！一直到旅館櫃檯終於收到了其他旅客的客房投訴，這場派對才移到樓下的酒吧繼續進行。

半夜時，可怕的事發生了……旅館走廊出現了怒吼聲和巴掌聲，接著竟然跑進了我們房間乒乒乒乒的拉拉扯扯，原來是那對早上還在恩愛的情侶吵起了架來。吵架內容大綱是，男朋友瞞著女朋友和她的朋友秘密親密來往，所以女生的怒火在過多的酒精下肚之後便開始燃燒起來，女生還不知道拿著什麼揮來揮去！我從來沒有這麼害怕情侶吵架啊啊！當下真的人身安全被猛火波及。隔天起床，真的很開心自己還活著，看看餅弟也還叫得起床，好哩家在。

雖然交朋友容易，但你不能期望青年旅館能夠給你多優質或是多舒適的服務，所以選擇四五星級飯店的人還是大有人在，那是不同的旅行品質和期待，當然我們這種背包客還是只能選擇這種經濟實惠的方法了！不過原則上遇上這種事情的機率不算太高，很少人會在有室友的房間裡大肆喝酒，更少人會不顧別人的眼光隨意大吵大鬧，至於隱私這回事，我們聽聽別人的八卦，然後管好自己吧！

突如其來的Hotel Party！在男女不分房的YH裡面，最擔心遇到喝醉酒的醉漢了啦！

STEP 2.7
LOST IN SWISS

瑞士 世界的後花園，
好山好水好人情味

| 瑞士，我要更用心的和你對話 |

一個國家的物價可以從一杯簡單的可口可樂來了解，而我最常詢問的外國物價的方式正是問一個寶特瓶的可口可樂，在那個國家或城市賣多少錢？在瑞士，一瓶可口可樂幾乎要價2–3 CHF左右（大約60-90新台幣），從德國一路過來就能輕鬆地感受到物價的漲幅。

很多人說瑞士很美，山景、湖景隨處一看都是驚人的美景，但身為一個在瑞士受教育的人來說，我只能說，瑞士很適合兩種人來居住。一、學生，因為待久了真的覺得除了美景之外，娛樂真的很少，所以會老實的乖乖唸書；二、退休的老人家。好山、好水、好無聊之最佳寫照，不過瑞士真的有很多很不錯的老人福利值得好好研究一番。

對於瑞士，我已經沒有太大的驚喜感，一踏入境內反而是一種懷舊的感受。相比於餅弟來說，他的心情依然像是出國抵達歐洲的第一天一樣興奮而處處充滿新奇。這是餅弟教我的一課，在旅行中要隨時保持新鮮感。這著實讓我好好反省了一下自己的旅行態度，我還沒走遍這個世界，不懂的事情還是大大多於腦中資料庫的事情數倍，面對旅行的每一個時刻應該都要保持謙遜的態度。

瑞士的美景真的處處看起來都像是畫家的畫布，美得不真實。

我當初一到瑞士就有一種很明顯的「鬆懈感」，有種回到這個地方，什麼事都不需要擔心了的錯覺。接著馬上就在前往旅館的路上發生了交通混亂的事件了。迷路旅行，之所以叫做迷路旅行，最重要的就是因為我是個大路癡，一個大路癡如果平常就已經沒方向感又不努力認路，那麼真的很容易在同一個地方兜圈子。若是白天倒還無所謂，但到了夜晚就讓人抓狂了。好不容易抵達旅館，才透過櫃檯人員發現，我們剛剛坐的公車是霸王票！歐洲火車鐵路的聯票「不包含城市地鐵與公車」，若是剛剛在車上被抓的話，少說一個人也要被罰個1500 CHF瑞士法郎（大約46,500新台幣）。

「用心生活」並不是要生活得很累、計劃得多麼嚴密周到，而是要在做每一件事情的前後去思考、反省；「用心旅行」也是一樣的道理，不是要旅行的多麼疲累不堪、行程緊湊，而是在面對每一段旅程的時候，都時刻保持新奇、探索的態度。

> 66
> 認真的和每一個旅行國家對話，是每一個旅行家都應該要有的心態。
> 99

| 旅行就是學習如何做決定！ |

在瑞士，我幾乎將所有選擇旅行城市的選擇權交給了餅弟，我只負責推薦，卻不多做決定，訓練如何自己下決定是一個人出門最重要的技能之一。做決定其實一點都不難，重點是能不能接受這個做決定之後產生的後果。如果這個景點不好玩、不如你所預測的充實，是否能夠坦誠地接受「好吧！我被騙了，不過至少我來過了！」的去接受自己所下的判斷。

早期的我其實是很不能接受這點的！哪有人不希望自己安排的行程是多麼獨一無二，就像演一場脫口秀，我也希望每個段子都是經典絕無冷場。但是有高潮就有相對的低潮，不可能永遠都事事順心。我人生的第一場自己安排的自助旅行就曾經因為行程不順感到十分失落。我滿心期待到德國新天鵝堡，卻遇到外形大整修。新天鵝堡是迪士尼樂園灰姑娘的的城堡原型，多少部落客和書本出過這張夢幻的照片，我當然也是衝著它的外形前來。

> 可遠觀不可藝玩焉的新天鵝堡，外牆一拉近通通在整修的慘狀！我的夢幻城堡呢？

想像幽靜的地下湖傳來音樂會的演奏聲，天然的回音效果，光是想像就覺得好迷人。

我當下非常失望，而且旅遊心情大大地被破壞了。回國後，我一直沒和人分享過任何關於新天鵝堡的事，只覺得自己真的好衰，千百遍「早知道就不要安排去那裡了！真不值得」在腦子裡迴蕩。

不過隨著旅行經驗的增長，我開始發現這也沒什麼。反而還覺得，要拍到它纏著這麼多繃帶的樣子也算是難得！心情失落的次數一多，就越來越懂得要怎麼去調節，甚至在失落中尋找樂趣。某次，我因為回SHMS參加世界校友會議，正好有機會可以再次踏上瑞士這塊土地，仍然拿出了我的旅行探索心情，前往了「Saint-Léonard underground lake」歐洲最大的自然地下湖。它其實不過就是一個黑漆漆的地下湖！真的很無聊……但即使真的很無趣，我也會告訴自己「至少我來過了，可以和人分享，其實那個地方就是這樣而已，不去沒有什麼損失」。而且其實我還是會再去的，在aint-Léonard underground lake 這個地下洞湖會一年舉行一次「洞穴內的音樂會」，由於地下洞穴的地形反而讓音樂透過洞穴的自然回音系統達到更好的效果，所以每年都會請來專業的音樂演奏家進行演出。所有的觀眾都要搭著小船到洞穴湖中，一面在小船上吃著小點與美酒，一面欣賞船上的演奏家進行演奏。所以，沒有無趣的地方，只有挑錯時間來的旅人。

| 「你們⋯⋯不會是要去搭觀光小火車吧？」|

把旅行當作生活的態度慣了以後，就自然不會被「_____第一」標示的景點馬上吸引，因為總有一種錯覺，認為那會是國家觀光局設下的旅行陷阱，還是會多看幾眼介紹或是問問當地人的感受再決定要不要前往。餅弟下的第一個判斷是靠近蘇黎世大城距離一小時車程左右「歐洲最大的瀑布 ── 萊茵瀑布The Rhine Falls」，要先到Neuhausen小鎮轉車。

搭訕人成性的姐弟倆個，就以「問轉車資訊」為由，和與我們面對面坐著的一對老夫妻聊起了天。我真的蠻喜歡瑞士人的，10次問路，至少有8次會給人建議並且繼續友善的和你多聊幾句。這對老夫妻一聽我們要去Neuhausen和The Rhine Falls，劈里啪啦的講了一堆資訊，連怎麼搭船都說得一清二楚。

其中讓我蠻印象深刻的問題是這對老夫妻指完路之後，突然問了一個問題「你們⋯⋯到了Neuhausen不會是要去坐觀光小火車吧？」我們兩個莫名其妙的對看了一眼，我們的旅程之中好像從來沒有搭過什麼觀光小火車，想說是不是錯過了什麼特別的東西，連忙問他那是什麼？很好玩嗎？

這個時候才知道，原來伯伯指的「觀光小火車」有點類似大城市裡面常常會看到的「快速觀光旅遊巴士」，花個20-30分鐘，觀光小火車就會帶你繞市區一整圈快速的把城市裡面的相關景點匆匆繞過，最適合緊湊行程的觀光客使用。我沒有自己去坐過這樣的觀光列車，不過在因為出差而搭上的旅行裡面，確實曾經在Luzern搭過一次。

在火車上認識的老夫妻們，熱情的跟我們聊旅行的事；
不要設限交流對象的年紀，有時候反而能挖到寶！

老伯伯看了我稍稍在思索中的眼神，就突然説了一句「我真不懂，你們亞洲人為什麼都喜歡搭那種愚蠢的觀光小火車。」這下子我才連忙先解釋我們兩個真的在旅途中從不搭乘觀光小火車，然後滔滔不絕地説著我們「迷路旅行」的理念：隨機體驗的旅行方式，不跟團、不先制定行程，如果有路人給了好建議，可以隨時見風轉舵的超彈性旅行。搭觀光小火車，太不適合我們的做法了。

老伯伯才説，其實歐洲本地人對於觀光小火車的運行是完全抱持著一堆問號的。為什麼這樣的東西能賺錢，又為什麼有旅客願意花錢搭成這樣「速成」的觀光交通工具。總是在小火車上看到一堆東方臉孔的人，喜滋滋的搭著小火車拍照，看起來覺得很滑稽，因此產生了對亞洲人旅行的偏見。歐洲人相對起來比較喜歡自助旅行和深度旅遊，再加上也許這對老夫妻也已經退休了吧！對他們來説，如果要旅行，不需要這麼趕時間，因為他們有很多時間可以運用了。

> 沒有錯誤的旅行方式，只有不適合的人。大膽的決定你想要做的事，
> 沒有人能夠笑你，除了你自己以外。

觀光小火車，讓沒有時間的旅客快速瀏覽這個城市風光的偷懶觀光列車。

迷·路·旅·行 / Tips

我從來沒想過搭觀光小火車是因為我覺得這些地方不見得都是我想看的，還有我不喜歡時間被綁死，但我必須承認對於某些人是需要的。像我那次出差的經驗來說，時間就只有1小時，若要在毫無規劃之下，手上沒有地圖，又想要快速的了解這個城市，觀光小火車確實幫忙省下了不少的時間。

| 瀑布奇緣：認識Keyman才有的Speical Service |

折騰了一陣子轉車，總算來到了The Rhine Falls！萊茵瀑布是目前歐洲流量最大的瀑布，其水力之強大讓此地自19世紀以來就設置了水地發電廠，成就了瑞士附近城鎮的工業化。其實整個瀑布看下去寬度很大，但高度比想像中的低，瀑布中央有兩座岩石，有觀光遊船在其中服務穿梭瀑布與湖面上的遊客。

通常我看到這樣的湖面是不會去搭船遊湖的。但是，中央的兩座岩石竟然十分犯規的設置了樓梯可以從下方攀爬到岩石的最高頂端，直接近距離的和瀑布接觸！人說的那種總有往上爬的衝動，瞬時間攀升到頂點，馬上衝去碼頭準備搭船。

其實我一開始遠觀這個瀑布的時候，真的有點瞧不起它。有點失望於「歐洲最大瀑布」這個稱號，總覺得在網路上還是旅遊節目中流傳的那些畫面，瀑布似乎應該帶來更震撼的感受才是。但，近看和遠觀是兩種完全不同的概念，所有的事物真的走近一看，感受到它的威力、水的重量、嘩嘩水流的聲音竟能夠大聲到掩蓋住周遭的繁雜人聲，讓我瞬時間拜倒在大自然那毫無矯飾的魅力之下。看似無聊的景色，卻也讓我和餅弟在岩石上駐足了一陣子，船夫送走了三四趟的遊客，而我們就只是靜靜地望著瀑布感受和瀑布共存的時刻。

> The Rhine Falls萊茵瀑布，遠觀覺得還好，近看覺得很嗨的瀑布！大自然的力量真的不容小覷

服務業果然是個以「人」為本的工作。服務人員的心情好、夠幽默就能帶給顧客完全不同的心情享受。載我們的游船先生就是一個最好的案例，從岸邊帶我們到岩石大約不到十分鐘的船程，因為單眼相機不經意的和我們兩個開啟有一搭的沒一搭的對話。

"You from Taiwan? I have a lot of things made in Taiwan!"（你們從台灣來？我有很多台灣製的東西耶！）我想想這年頭大部分都是M.I.C.了啊！好奇地問他是什麼產品，他卻思考了幾秒後，直接用 "Whatever, Give me five!"（別管那麼多了！Give me five 吧！）嗨的像是喝醉酒似的方法呼嚨我的問題。下船前還嚇我 "I will come back tomorrow, bye bye! This is the last boat!"（我明天還會回來，拜拜！這是最後一趟）我當下還真的嚇到不知道是真的假的！而他就是在還沒到達瀑布頂峰，就讓我們心情豔陽高照的好彩頭關鍵性角色。

返程的時候，又被我們遇上同一個船夫！我們兩個興奮的大喊 "Hey! We wait for a long time from yesterday!"（嘿！我們從昨天等到現在等好久啊！）也許是被我們兩個逗樂了吧！正好船上除了我們就只有一個乘客，船夫霎那間將船轉了方向，直直的開往瀑布裡去！真是嚇傻我們了！難道他嗨過頭了嗎？現在是要幹嘛？然後在很靠近瀑布的時候，突然拿起我的相機，叫我們姐弟走到船頭邊，在最靠近瀑布的地方拍下一張震撼力十足的照片！我們都瘋了！旁邊的那位遊客整個大傻眼，我們姐弟就這樣為了一張照片，淋得全身水，但這樣的特殊體驗著實讓我們兩個心情大好了一整天！

身為一個專業諧星，出國不能忘記將我們的霸氣帶到世界的美個角落，至於旁邊的人帥真好，幸好國外的人都看不懂中文。

認識了Keyman就能有的特殊待遇！瀑布前的ROCK照片實在令人回想起來依舊興奮得不能自己！

鏡頭被瀑布的水噴花，開船
的老大謝謝你，浩潔玩得很
盡興！

| 沙夫豪森Schaffhausen：炫富就看外表吧！ |

在前往萊茵瀑布的路上，一路轉車會讓我們碰上的就是沙夫豪森洲的首府Schaffhausen，看一圈地圖發現根本就是個用腳就可以輕易走完一圈的迷你小鎮。沙夫豪森之所以能夠發展出一套不錯的經濟商圈，其實就像是九份或者是少女峰下的小鎮因特拉肯Interlaken一樣，因為當初萊茵河的航運受到萊茵瀑布的阻礙，所以所有的貨品都必須在沙夫豪森上岸才可以運進內陸，因此也讓這個城市成為很重要的補給站。

不過現在這些也隨著運輸的發達而逐漸沒落，而成為了一個觀光小鎮。除了塔樓和博物館之外，這個小鎮最有趣的其實是街頭風光。讓我跟餅弟開心的在街道上探險的是牆上的「凸窗」造型。在台灣我們頂多只有陽台而已，但是在沙夫豪森這些凸窗設計的都非常精美，除了讓屋內的人可以觀察街上的動靜之外，據說當時最主要的功能竟然是拿來「炫富」的！現代的人可能用名錶、名車來當做一個人財富的身分地位。

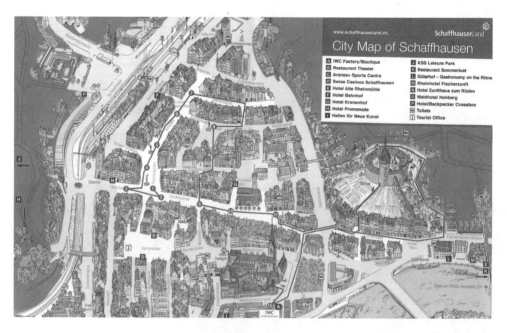

Schaffhausen：照著地圖走一圈只要一個小時的小鎮

溼壁畫，這樣曝曬在陽光與空氣中，竟然可以保存如此長遠的時間而又不失鮮明的色彩，過去人的智慧真的令人折服。

在當時的那個年代，是用「一個家庭是否有凸窗」來鑑定這個家的口袋深度。由於建造這些凸窗並不便宜，所以有錢的人無所不用其極的在裝飾他們的窗戶，甚至還會舉辦比賽看看誰家的凸窗最漂亮。除此之外，他們的牆壁還可以觀賞整個牆面，隨處可見的溼壁畫，也是裝飾的一種。

在沙夫豪森更可以看到瑞士人精密鐘錶的起點，在廣場的塔頂可以看見一面在1564年，450年前建造的天文鐘，除了可以顯示時間、日期季節之外，甚至還可以預測日蝕、月蝕、月盈圓缺、月出月落、春分秋分、太陽在黃道十二宮的位置等10種功能！真的太厲害了！

一路走動也和餅弟聊了起來，這真的是一個「有錢人引領潮流」的例子；在以前那個年代，網路不發達、資訊不流通，真正的潮流和時尚都只能靠有錢有閒的人去渲染，不過也謝謝這些有錢人才能留下這麼多傳統和文化，讓現代的我們看見這美麗的建築和獨樹一格的文化裝飾。

配色相當海洋風格的廣場建築，上面有著450年前就建造的天文鐘

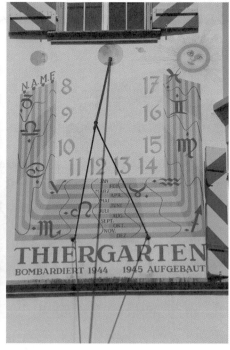

| Skydiving 放我飛，趁我可以的時候。 |

這次的旅行並不是全然無計劃的，有一件我們非做不可清單裡面一定要完成的事：Skydiving。體驗高空跳傘。在2010-2011年的時候，我攻讀SHMS Events Management的課程時，因為瑞士的技職教育制度，必須完成4-6個月的實習課程，因此我曾經在因特拉肯小鎮上度過了一段艱辛的實習歲月。而我人生的第一次Skydiving就是在那個時間完成的！拿著自己努力賺來的薪水，去挑戰心臟的極限，當時的雀躍和緊張感回想起來還是很開心自己能完成挑戰！

JUMP！當你漂浮在空中——正確的來說是「跌落在空中」的時候，才知道什麼叫真正的自由無拘束，但同時又無法自由掌控自我！。

大概從中學時候開始，我就常嚷嚷著要去嘗試高空彈跳，記得我的姨丈跟我說：「走啊！姨丈跟妳去啦！走啊走啊！」但到了2012年我力邀他一起去的時候，他卻突然跟我說「姨丈老了……心臟不行了啦……命比較重要！妳自己去好了！」我才赫然發現，原來極限挑戰這件事情跟年齡真的有關！不是一股傻勁或衝勁就真的可以不顧一切的往下跳！很多事情，現在當下不做，以後就沒機會了。

所以在出國前，我和餅弟說好，這趟旅程就是他的18歲成年禮。要突破，我們就做到極致！除了他人生第一次的自助旅行以外，Skydiving也將是實踐體能與精神力的一大挑戰。這是我們唯一打破迷路旅行規則的事情，我們早就規劃好要來因特拉肯，也下定決心非去做這件事情不可。

380 CHF（=11,780NTD）的Skydiving再加上190 CHF（=5,890 NTD）的攝錄影費用，花了大筆的銀子，只為了解40秒鐘的自由落體是什麼樣的感覺！相對於第二次跳傘的我，餅弟顯得特別的不安。

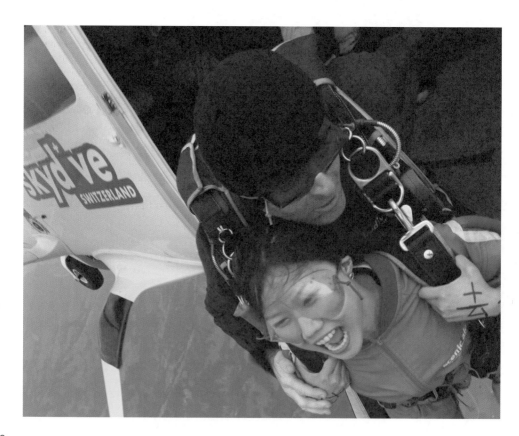

「姐，跳下來是什麼感覺？」

「姐，那個傘會開吧？」

「姐，眼睛要睜開嗎？」

「姐，是不是真的很高啊！我心臟受不了怎麼辦？」

難得的問題連發。

由於錄影的關係，我們兩個決定分開兩架飛機跳，一台小飛機一次只能載三個跳傘者，再加上教練、攝影師，我毅然決然的決定當先發跳傘員。雖說是第二次，但這種高度還是會讓人倒吸一口氣的！平常搭飛機看窗外也就算了，跳傘的飛機是門戶大開的，讓你可以直接感受到腳邊的「踩空感」還有冷冽的空氣拍打到臉上，除非像跳傘教練跳個幾百次，否則要像他們那樣跳前談笑風生，跳下去當下眼皮都不眨一下是不可能的。

腳踏實地時都還生龍活虎的浩潔重生姐弟。

此刻的害怕一點都不需靠演技！

跳下去倒數的3、2、1，當下還是叫了出來！「媽啊！拜託等一下救生傘一定要開啊！」心中的O.S.吶喊，但是完整的句子根本聽不見！除了強大的風壓封住了嘴巴，耳朵旁也只聽得到咻咻呼嘯的風聲。已經第二次的跳傘，沒有人生跑馬燈出現，但人性的心理恐懼還是主掌了理智，即使我盡力的要將注意力集中在拍照和攝影的表現上。降落前，心裡會覺得其實也沒那麼可怕，但生理反應的軟腳和站不穩還是依然證明了——腳踏實地還是最讓人安心的感受！

自己體驗完了癱坐在草地上，殊不知最難熬的是準備上去的人。他沒看到過程中興奮和玩耍的模樣，只看到我回地面上的狼狽樣；完全加深了弟弟的恐懼感。不過運氣蠻好的是，跟他一起搭同一班小飛機的人很有趣！是Youtube上的名人叫Nervli，自封瑞士宅男，無論到哪裡都要帶著他的二次元女友同行，他曾經在Youtube上完成和卡通枕頭女友一起泡澡的夢

在小飛機上，仍然還能笑嘻嘻的與同伴嬉鬧，餅弟和他的「同梯」與二次元女友一起飛翔天際。

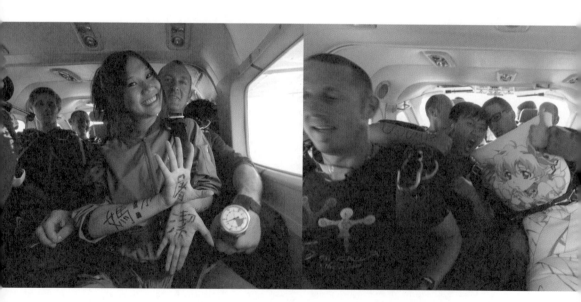

182

想。而這次，他竟然綁著二次元卡通女友的枕頭挑戰Skydiving，只能說屠氏姐弟倆真的太幸運的親眼見證這一刻，雖然當時我們還根本不知道他是誰。他在鏡頭前的表現真的很可圈可點，和他的卡通女友表現得非常親密，但是我個人最想不透的是幫他錄下這一切的竟然是他的三次元正牌女友！不知道女友面對這個二次元的小三是什麼樣的感受。

在等待餅弟的同時，我也和下一梯次的科威特人聊起來，發現科威特真的是和我腦中想像完全不同的世界，絕對不是騎著駱駝在沙漠中行走而已，能夠在這邊遇上的科威特人身價都不菲。劇情繼續回到餅弟在飛機上，這段不用說我自然完全遺漏掉了！回頭看他的影片只一直聽到他在拼命喊著 "I pee on my pant!"（我尿在我的褲子上了）還有因為肥胖的臉蛋，因為風壓而無法定型、抖動不已的臉頰，真的笑翻我了！無論如何，完成一個人生新體驗，又少了一件我們不知道的事情了。Cheers！

迷·路·旅·行 / TIPS

旅行，幫助我們知道多一點，不知道的就少一點，當我們能夠言之有物的提出各種人生經歷的時候，就會發現那些點，變成了線，然後變成了屬於自己的故事。

如夢似幻

「叩叩叩」

「屠浩，起床了！」

睜開眼，看著隔壁床鋪上剛認識的荷蘭人打著如前兩天雷般的鼾聲，窗外新鮮的陽光和在臺北不曾聞過的香氣，我知道這一切都不是夢；我真實的在這片自然聖地——瑞士，呼吸著，停留著，旅行著，入睡著……

「叩叩叩」

惱人的敲門聲把我喚醒。也夠了吧！香甜的夢才正要開始。勢不可擋的起床氣正要揮發之際，姊姊的一句話把我從夢中喚醒，「今天要去Skydiving，再不起床會來不及啦！」

是的，我是記得的，為了今天的到來我心裡是有準備的。我從床上蹦的彈起身，背起行囊，我準備好了……至少我是這麼相信著。

窗竟的景色是如此美妙，但卻完全無法令我放鬆。隨著載著我們的車顛簸的前進，我的心臟也在顫抖似的亂跳，尤其在跳傘教練請我們在如賣身契般的生死狀上簽名以後，心情真是一刻也不得放鬆。有時候想要在姊姊面前裝男人完全不怕，下一瞬間就馬上問：「欸！那個跳下來會不會心臟很痛啊？」「你知道我玩六福村那些的會不舒服吧？」「那這個跟大怒神哪個比較恐怖？」一串接著一串的問題讓我幾乎快殺了自己，怎麼像個小孩一樣怕的要命！

下了車，是一望無際的草原，邊帶著心中的忐忑邊聽著教練的解說，在教練帶領大家做扣安全帶跟跳下飛機的動作時，恨不得能按命運好好玩的遙控器重播十次瘋狂複習。接著他們宣布姊姊在我上一輪的飛機跳，心中真是一個What the Hell（搞屁！），看著我姐從容的身影踏上飛機，其實已經偷比了一萬個中指，O.S.：「說好的姐弟情深同生共死呢？如果你安全降落結果我掛了不是給你賺到？」

唉！故事說到這裡我姐的無情大家也是有目共睹了，更氣人的是她下降時的狼狽樣讓我差點拔腿逃離現場，她不是跳了第二次嗎？幹嘛一副鬼門關前走一回的鳥臉！

　　終於輪到我上飛機了，Oh My God，我突然想到我畢業旅行跟國中同學去劍湖山玩G5的景象：厚著臉皮在同學面前去排隊玩只為了圖那一時的虛榮感，「哇！他敢玩欸他超有Guts的！」很不幸的那句話從來沒有出現過，不智的行動換來的是在雲霄飛車爬升的時候的無限的懺悔。而現在，為何我在這飛機上？看著我姐的身型變成一隻螞蟻，一棟棟房子縮成積木，我怎麼會笨到學不會教訓還讓歷史重演？唉，既來之則安之吧。

　　但怎麼可能安得下來？坐在一個被氣流震來震去的小飛機安得下來？想像快要跳下連雲都小得跟積木一樣的高空還安得下來？更不論有一個活在沒有Z軸的世界的詭異外國人抱著他的二次元女友枕頭開心地在你旁邊亂叫，如果地獄真的存在，應該就是這裡了吧！我抱著絕望又害怕的眼神看著跟我綁在一起的教練，試圖尋求一個舉起大拇指說沒問題等等讓我安心的舉動，結果竟然突然扣上我左邊原本沒繫上的安全帶，還說："Oh, that wasn't close！"（差一點就忘了這個）（附上一個魔鬼般的微笑）我最後那一道維護男人尊嚴的牆總算崩潰，既來之，安不了，就則尿之吧！"Oh My God! I'm gotta pee on my pants！"一直大喊我快要尿褲子了不知道為何莫名讓我安心，可能人到了某個極點真的沒辦法用一般邏輯去理解吧！

　　說時遲那時快，飛機門打開了，恨不得付給教練一百塊說我不跳了，我半推半就的來到跳機門，看到的只有如絲如棉的雲端跟幾乎隱沒的山頭，天啊！這到底有多高啊！原本的房子肉眼根本是看不見的，從這裡直直掉下去應該來不及感到痛苦就掛了吧！聽說人在跳樓會回想自己的一生，那跳飛機呢？可惡！發明這些言論的人都不會想想跳飛機的人的心情嗎？我如果用跳樓的時間想完我的一生，剩下的時間在想什麼呢？突然，我的教練喊了：「一，二，三」我跟著教練一起墜落。

　　眼前一片黑，我的臉被風壓啪啪啪的拍響，當我企圖用大喊來解決心臟的浮動感時，空氣隨即襲進我的大嘴，終於不畏風壓的睜開雙眼，風景變化太快，肉眼根本跟不上變化，上一秒眼前是一小塊雲，下一瞬間你穿梭過整片雲海。雲霧前山頭及綠地漸漸浮現，因特拉肯山環水繞的地利盡入眼簾，目不暇給，讓我想到曾在電影裡看過的蟲洞以及各種穿梭時空的景象，自由墜落的我忘記了時間，好像我已經在天空中遨遊了一輩子，但一輩子又短的令人流連，轉瞬間我跟地面縮進了距離，一塊塊積木成了顯而易見的房子，我不止靠近了地面，還被拉回了現實。

　　「叩叩叩」

　　惱人的敲門聲再度把我喚醒。但這次我真真切切地醒了，想著如夢般的昨天，又或者是如真似幻的夢，聽著再次的……

　　「屠浩，該醒囉！我們今天要去……」

餅弟有話要說

從天而降的俯視風景照

| 賭場大進擊 |

在因特拉肯政府營運的賭場曾經是我人生中的一小部分。並不是說我嗜賭成性，而是當時在實習的時候，賭場其實就是一個小小的生活圈，和夜店、小吃店是一樣的場所。免費的冷氣、飲料，還有能夠在賭場內看到形形色色的人，賭贏了的老虎姿態、輸不起的臉紅脖子粗，小賭怡情，只要能夠自律，能得到的趣味其實不少。

在台灣賭場並不合法，所以在帶著餅弟體驗國外生活的時候，18歲了，自然也帶他進去見見世面，至少賭場不像脫衣酒吧，要騙你的錢也是正正當當要你甘願的把錢掏出來。吃角子老虎機完全就是一個機率遊戲，但21點和輪盤就有動腦玩法了。賭場會用一個看似讓你賭機率的方式，讓你一目了然所有的數字，和曾經開過的牌——而這種時候正是最容易看清人性的時刻。

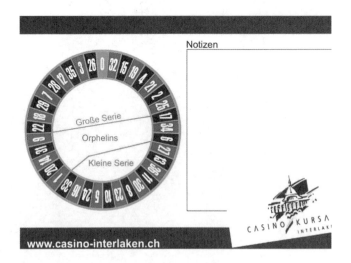

十賭九輸，你相信這不是運氣，是一種戰術和邏輯思考的培養嗎？

但依我的觀察，其實真的有專業賭徒在賭場裡面出沒。曾經看過一個專欄作家的專欄「帶著撲克牌去旅行」，就是在講述她和專業賭徒去各大城市賭場的實戰經驗。這些職業賭徒幾乎天天到賭場報到，但是他們也不高調，也不會一次贏很多讓賭場盯上，維持著一個互生的機制。也有的人在贏的時候會有他們的智慧方法，而且也不吝於分享給在旁邊一起賭的夥伴。畢竟當時當刻，口徑一直對賭場，人人都是站在同一陣線上的朋友。

有人說，想到賭場翻本的人就是一個「貪」字。個人認為，賭博也不過就是一種遊戲，所以付出你可以付出的代價，如果輸的太多以至於輸到沒辦法承受，那真的就是貪了！表示已經把賭博太當真，而且完全沒有自律的底線，這樣玩起來就真的很危險。所以，帶著餅弟來，只是想讓他學會自律。給了他50瑞士法郎，他可以選擇去玩，也可以選擇把這筆錢拿去做別的事情，我並不強迫的觀察著。

幸運的是，一上21點的牌桌，就維持著小贏的狀況，連著3張7的幸運牌面，還讓我們獲得了一杯免費啤酒。不過觀看隔壁桌的一個玩著輪盤的外國人，已經賭到臉都紅了！他輸錢的氣勢讓整場輪盤最後只剩下他一個人在玩，其他人全部都在觀戰。身旁的女伴拼命的跟他說，走吧走吧。但是現金一換再換，籌碼越下越大的狀況下，已經輸了5000多瑞士法郎，等同於台幣15多萬，他仍然不願意下場。只能看著隔壁桌跟餅弟說警世寓言了，如果你是來賭場找快樂的，請先預定好自己的快樂價碼，不要讓自己失控從找快樂，變成來找高血壓。

66 對我來說，旅行就像賭博一樣！
下了籌碼，你以為你預測到了那唯一的答案，
但往往卻爆出不一樣的火花結局。
但旅行比賭博好的是，你沒有全盤皆輸的機會。
你永遠可以拿得回一些什麼，一些回憶、一疊照
片、幾個朋友、快樂的心情、甚至即使慘痛不堪
也是寶貴的經驗，旅行，不是單單只靠運氣的事！

旅行，不是交易，不是投資了錢換了錢；
而是投資了錢，換回了買也買不到的回憶與快樂。 **99**

| Irish Bar 姐弟再好也是該看場合分開一下 |

身為一個不愛喝酒逛夜店的姊姊，自然在旅程中幾乎不會安排夜店或是酒吧的行程在內，但有時候緣分遇上了還是得去。餅弟到瑞士的時候，對於與陌生人談天交朋友的能力已經十分成熟，完全可以獨立作業。趁著我和以前的朋友約見面的時間，他在旅館大廳交到了一群英國旅行者，晚上我就跟著他們一起到Irish Bar小酌。

這群朋友玩起來很瘋，除了拼命地大聲唱歌跳舞之外，當晚更讓我和餅弟一口氣體驗了Irish Car Bomb的調酒，倒半杯的黑啤酒，在喝之前丟一個裝滿Baileys' Irish cream和威士忌的Shot杯進去，立刻大口喝完的必倒超強力調酒。其實味道滿好的，但是酒量不好千萬不要嘗試！只能拼命跳舞把酒精散盡！

說老實話，姐弟一起去酒吧的感覺氣氛蠻詭異的。當我弟搭訕了某個女生想要跟她多聊聊的時候，遇上我還要介紹，這是我姐，感覺超奇怪的，通常那個女生只會說 "Oh, Cool~" 然後就聊不下去了；換個角度來說，有人來跟我講講話喝杯酒，也會顧慮到我弟在那邊，結果兩邊都無法隨心所欲。所以，結論是一小時後，我們決定分道揚鑣，當天我就先回旅館了。

當下其實有點沒有安全感，好像不應該把他一個人放在酒吧裡先走。但仔細想想，這趟旅行本意就是希望他能夠了解一個人旅行的魅力所在，學會獨立和自己解決問題。時機到了，就讓他自己做決定，什麼時候離開，和什麼樣的人教朋友，做什麼樣的事，甚至是了解自己的酒量底線在哪裡，相信透過這樣最直接實際面對的方式，能夠把這樣的態度和觀念直接的內化到他的生活中。

姊姊，原來也是有像媽媽一樣的心情；老是嚷嚷著「爸！媽！你們放手讓我自己去！沒問題的！」總覺得好像也聽見餅弟心中的吶喊：「姐！妳不用陪我啦！我自己可以的！」可惡！原來讓他太獨立，會有點寂寞。

起士Fondue狂想曲：去歐洲吃個中國菜又怎樣？

想到瑞士，起士Fondue絕對是必須要吃的一道美食，因為這是在台灣難以享受到的美味。就像是韓國人生產泡菜的原因一樣，辣醬讓身體能夠保持溫暖、可以抑菌，又能讓菜保存到冬天實用；瑞士則是因為盛產許多起士，到了冬天的時候需要能夠「提供能量，又能維持身體溫暖」的食物，起士鍋就這樣誕生了。

起士鍋其實就是把起士加上白葡萄酒混勻攪拌，用長柄的叉子串起麵包、馬鈴薯，搭配著酸黃瓜或是醃小洋蔥食用。吃個兩三口真的不錯，但是吃完一整鍋就真的略嫌單調，再加上液態的起士在肚子裡面凝固後，整個胃的飽足感更是不容小覷！

不過說到吃這件事情，這次出門整段旅程大約是一個半月的時間，我必須用一個台灣人的角度說，台灣真的是美食的集中地。你說我想不想家？當然想，但時間有限，唯一會直接反應在身上的，是對於食物的渴求。連續幾個禮拜都吃著所謂的「歐洲傳統食物」，沒有熱湯、沒有炒熟的青菜、硬麵包當主食，當然也會想要吃吃華人的菜色。

嘗試每一樣不同的新東西，累積不同的資訊在腦海裡，這些生活的小事情就能集合成一個國家風情拼圖。

起士鍋的配料其實比我
們想像中的都還少，麵
包、馬鈴薯、酸黃瓜、
小洋蔥，That's All.

我在瑞士實習的時候常常會想，為什麼中國餐廳總是會能夠招攬到一堆中國旅客呢？花了這
個錢到歐洲來觀光，菜餚不找好吃的當地料理卻吃著那味道肯定不道地的中國菜？在當地生
活的時候真的沒有感覺，當自己變成旅人的時候就會發現，如果你到義大利天天吃義大利
麵，會感覺到膩是很正常的；就像在家裡，天天上美式餐廳，總會希望可以換換口味吧？
「旅行，就是換一個地方生活」的旅行態度，我竟然在這點「堅持嘗試當地菜色」上面不攻
自破！

66 旅行之中順從自己想要的，不要壓抑！旅
行是為了實現夢想、理想、對這個世界的
探索，而不是為了壓抑渴望、強迫改變。99

| 旅行家，不要吝嗇於投資你的時間 |

記得我第一次到瑞士的時候，真的覺得每一個場景都像是畫布上的景色這麼不真實，彷彿我前面有個畫家在為他上色，我觀察著每一個邊角，試圖想要找尋接縫的破綻，一舉把這個畫布撕下來，見見瑞士的廬山真面目！是一個太不真實的真實。

面對這樣的景色，我實在沒辦法汲汲營營的去安排些什麼，只是閑晃在街道上都覺得是種舒服放鬆的享受。我想餅弟也是被我感染了，比較起在巴黎的匆忙感和時間流逝的感覺，他也開始學會不看時間的胡亂行走。

一整趟旅程下來，我和餅弟練就了一身哪裡都可以睡的真功夫。我們一直都崇尚的綠色生活，用最自然而無害的方式，隨著呼吸融入自然環境之中，或是打打水漂，做著我們平常生活中都有可能會做的事。

到了湖邊，除了看著湍急的流水外，驚訝地看見「跳湖」的年輕人在實現他的極限運動。其實在瑞士很多河流或是湖泊都是這樣的，即使在大城市中，也有不少年輕人用這樣刺激的方式來體驗他們的青春。比起我們的Skydiving又省錢，還能消暑氣。

在河道中游泳，看在我們眼裡的自然奔放，對他們來說不就是一件稀鬆平常的事嗎？熱了，就跳水啊！

195

英文不流暢的桌遊店老闆，仍然和我們玩了2個多小時，事實證明語言真的不是認識這個世界最必備的事情，膽量與勇氣才是。

> 不要吝嗇在旅行中花時間做一些「生活」的事，所做的每一件事情從來都不會真正浪費你的時間。花下的每一刻鐘，都會變成驚豔的肥料，在你不知道的時候會開出令人驚奇的花朵。

相對於西方的教育理念，若是在台灣跳河跳湖的，父母八成緊張的不得了，我享受著又羨慕著他們融入大自然的方式，只無奈地覺得，早知道應該帶條大毛巾出門，一起湧進河道。

後來，我們走進了一家桌遊店內，開始研究起瑞士的撲克牌，也許是正好沒有客人吧，老闆開啟了一個又一個桌遊遊戲和我們一起研究，其實老闆的英文並不流利，混雜著法語德文和英文，卻能流暢地為我們兩個講解遊戲規則。在店裡一待就待了兩個多小時，玩牌玩出了感情來了！老闆除了和我們互留FB成為了朋友以外，甚至還拿出了他自己用的撲克牌送我們，一直到現在都仍有聯繫。

LOSTHOLIC C

這是我的地盤

"Tourism is the role in reality to imagine: not to think how things would go, but what they actually are."

— Johnson

「旅遊的作用就是用現實來約束想像：不去想像事情會有什麼發展，而是實際地去看它們真實的樣貌。」

STEP 3.1

後記

浩潔重生的旅程結束在一個Business Trip的開始，回到了我的母校SHMS – Swiss Hotel Management School，有種近鄉情怯的感覺。近幾年來我的母校跳躍成長之大，每年都有的國際型活動著實的讓我增長了不少國際視野，帶著餅弟回母校的感覺是一種驕傲，還有「這是你老姐地盤」的熟悉感，有別於旅行時的自由奔放，對於這個我曾經待過一陣子的五星級飯店所改建的學校多了一份感謝。

一直都沒有後悔過那段在瑞士唸書的日子，雖然辛苦卻充實，著實的讓我了解「歐洲人是怎麼樣在生活」的態度，無疑的絕對加強了我對迷路旅行的定義概念：旅行不過就是換個地方生活，而在生活的過程中我們會發現很多和以往生活習慣不同的概念，激盪、衝突、融合，然後在下一刻鐘的生活展現出不同的自我。

> 畢業了一段時間，帶著餅弟再次回到學校看到熟悉的場景，真的由衷的想要給自己的和這趟旅程一個掌聲。

STEP 3.2
旅行中**非做不可**的兩件事

關於紀錄旅行這件事情，我想不只是部落客或是旅遊作家才需要做的事情。正因為是迷路旅行，每件事情都有可能不一樣，即使過了幾年之後舊地重遊你可能遇不上現在這個室友、這個節慶、或許人老了心態也不同了。有兩件事情，省錢又有意義，是強力推薦大家非做不可的事。

| 寫日記 |

這只有三個字卻很少有人能做到。寫一天的日記很簡單，堅持寫一個禮拜的旅行日記絕對不容易。

> 寫日記是很麻煩，但要堅持。

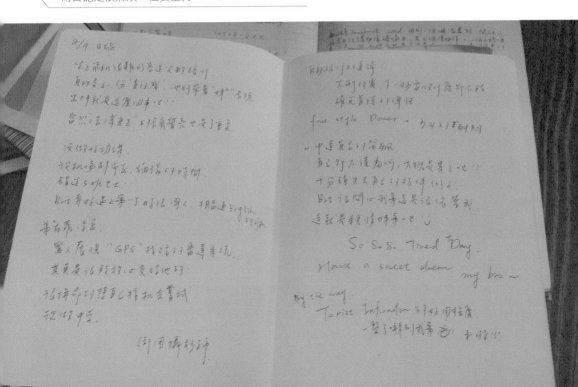

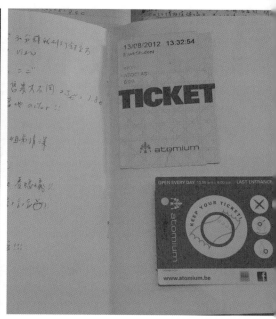

用黏貼的方式，保證票根都排排站好，不漏掉

有人說，我就是懶！我拍照片，按按快門當作寫日記總行吧？有照片輔助記憶，總不會忘得這麼快了吧！但照片絕對沒有文字來得更能夠描寫當時的心境，即使你是個演員吧，認為你當下拍出的表情能夠表達一切情緒，往往那一句關鍵的話語、頓悟的概念是照片無法滿足留下的。再者，透過寫日記可以充分的回憶旅程中發生的所有事情，在「想」的時候，會讓發生過的事情再一次經過腦袋的思考咀嚼，對於旅行各個事件的印象也會更加深刻。

我每天會花15分鐘把今天重要的事情用條列式的方法寫下來，若是有特別印象深刻或是想寫的事件才會花大篇幅或是段落來撰寫。其他零碎的idea，就用隨身攜帶的小本子紀錄隨時發生或是喜歡的話，晚上的時候，視重要程度再把它謄到日記本裡面。在日記最後會維持每天記帳瞭解自己的旅行支出，然後留下幾頁空白頁貼下今天買的票根、收集的廣告傳單或是飛機登機證。

起初會覺得這樣貼在本子裡，後面的圖案不就看不到了嗎？相信我，如果不貼起來整理，那麼這個收藏最後會直接不見，或者堆疊在一疊紙當中毫無秩序可言。有些部落客會教學隨身可以帶著有分隔的透明資料夾來作分類，但這樣反而增加了行李的重量，而且回國後要花更

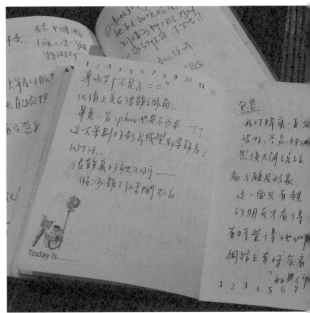

隨身的小筆記本，能夠幫助你記下一些瑣碎的標語，和突然的情緒。

多的心力去整理，所以寧願「當下」就完成它可以被收藏的樣子。

另外一個小撇步是，日記本千萬不要貪心買太厚的頁數，我每一次帶出門都是大概台幣10-20元、24-30張紙左右的A4或者B5尺寸的小本子，第一個是好收納，再者因為把票券等資料貼進小冊子裡，會增加本子的厚度，若是原本就是50-60以上張數的小冊子，在收納和翻閱上都會變得困難重重。此外，本子的頁數少也可以輕鬆的在小冊子標記去的國家來作分類，即使這次只是輕鬆的3、4天小旅行也不會太浪費頁數以及紙張資源。

這樣的習慣從我高一15歲時第一次一個人出國到英國時就培養到現在，我原是一個超級懶惰的人！平常能懶就懶，在台灣也沒有什麼寫日記的好習慣，不過把這些難得的時間經歷寫下來，絕對會是很棒的紀錄。現在我再回頭去翻，這些文字更能勾起回憶和情緒。

和餅弟這次的旅程中，為了他「是否要寫日記」這件事情一再的爭吵。當然，其實當下我是覺得蠻沒有意義的啦，寫日記應該是要看個人想不想寫，也許有的人就是特別對於文字不在行。不過後來他還是從容就範了，我只是想要將這一整套的旅行哲學傳給他，至於要怎麼變化就看他自己的喜好了。迷路旅行，隨機與隨興的不只是路而已，連心境都是。

我的明信片收藏牆

┃ 明信片 ┃

明信片這可愛的小東西因為網站Postcrossing躋身發光發熱的旅行明星紀念品TOP寶座,我
也是它的FANS!常常旅行,現在幾乎都不太買紀念品回家了。主要是因為我還是堅持帶登
機大小的行李箱旅行,所以太重或是體積太大的物品是很傷腦筋的事情。明信片自然成為我
的新歡,一張紙,當下丟到郵筒裡,直接幫你寄回你的家鄉,完完全全沒有負擔。

一張明信片，除了風景之外，還可以收藏郵票和不同城市的郵戳。對我來說，除了當地的明信片只能在當地買到之外，郵戳所蓋上的城市名稱絕對是收藏家的一大重點！通常一到某個國家，比如說這次預計會在德國待上一個多禮拜，那麼我第一天就會到當地郵局就會買上10張的郵票，以便到各個小鎮找不到郵局時，依然可以完成明信片郵寄任務。

通常我也最喜歡寄明信片給朋友當作紀念品，在現在網路和電腦通行的年代，大部份的人都互通Email，還有多少人會手寫信件？明信片是少數可以留下朋友筆跡的一種方式，正是因為人在國外不方便使用電腦印刷品，反倒留下了這種親筆的溫度和關懷，是我最喜歡明信片的原因之一。

特別寫上這段是因為我發現還有很多旅行的朋友還沒發現明信片這項紀念好物！明信片的書寫模式通常是這樣：只要寫上「收件人」的地址就可以了！留下朋友的地址，只要在地址後方加上：「Taipei, Taiwan (R.O.C)　○○收」這樣就可以囉！一點都不用擔心當地的郵差杯杯會不會看不懂你的中文地址，也不用麻煩你朋友翻譯一大串英文路名給你，輕輕鬆鬆只要記住你的國家英文怎麼拼就可以啦！

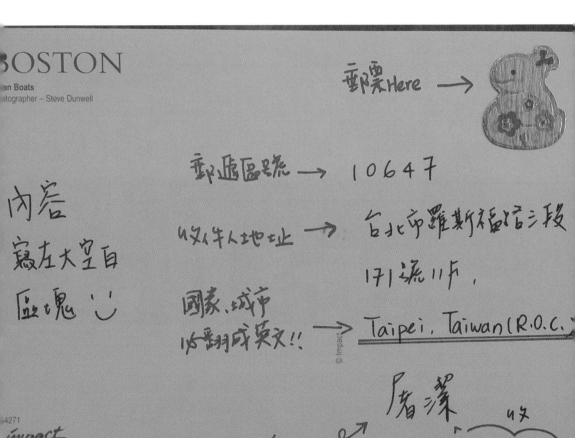

NORDKAPP
71°10'21"N

除了明信片，郵票大賞也是很讓人興奮的！

STEP 3.3
同場加映：浩潔重生迷路旅行 **制服大賞**

| 一段迷路旅行你能得到什麼？|

1 短暫的充電，離開原本的現實生活；不是逃避，只是換個情境再來。

2 訓練膽量。

3 學習交朋友。

4 懂得如何自我應變和獨處。

5 文化衝擊、觀念轉變、物價感受，充分體驗那些你不知道的人事物。

6 認識自己和自己對話，然後學會信任這個世界

敬勇氣敬迷路
CHEERS LOSTHOLIC！

有人會說，我很幸運，有句話說：「幸運並不是偶然的概率問題，而是相信自己的可能性，想像幸運的自己，而在碰到問題或機會時，是否會『選擇』積極的態度面對，如此自然會迎來好事。」

相信自己可以！如果你自認很依賴人、需要壓力、無法自己下決定；那，就逼自己走上這條沒有依靠，沒有回頭路的冒險吧！離開你的舒適圈，不論是一天、三天、一星期還是一個月，不是一定要出國，只是試著走到你不熟悉的地方來趟沒有計劃的迷路旅行吧！

THANKS!!!

致所有支持鼓勵我的人

國家圖書館出版品預行編目(CIP)資料

迷路旅行 / 屠潔作. -- 初版. -- 臺中市：十力文化,
2014.11
　　　面； 公分. --

ISBN 978-986-90364-3-6（平裝）
ISBN 978-986-90364-4-3（精裝）

1.自助旅行 2.歐洲

740.9　　　　　　　　　　　　103020687

迷路旅行

作　　者　屠潔

責任編輯　張舒文
內文排版　菩薩蠻數位文化有限公司
封面設計　王智立

出 版 者　十力文化出版有限公司
發 行 人　劉叔宙
執行董事　張珉翠
地　　址　116 台北市文山區萬隆街45-2號
電　　話　02-8933-1916
網　　址　www.omnibooks.com.tw
E-mail　omnibooks.co@gmail.com

統一編號　28164046

劃撥帳號　50073947
戶　　名　十力文化出版有限公司

I S B N　978-986-90364-3-6 (平裝)
　　　　　978-986-90364-4-3 (精裝)
定　　價　平裝版 320 元
　　　　　精裝版 500 元

出版日期　2014 年 11 月
版　　次　第一版第一刷

地址：

姓名：

十力文化出版有限公司　企劃部收

地址：台北郵政 93-357 號信箱

傳真：（02）8933-1916

E-mail ： Omnibooks.co@gmail.com

　　無論你是誰，都感謝你購買本公司的書籍，如果你能再提供一點點資料和建議，我們不但可以做得更好，而且也不會忘記你的寶貴想法喲！

姓名／　　　　　　　　　性別／□女 □男　　生日／　　　年　　　月　　　日
聯絡地址／　　　　　　　　　　　　　　連絡電話／
電子郵件／

職業／□學生　　　　□教師　　　　□內勤職員　　□家庭主婦　　□家庭主夫
　　　□在家上班族　□企業主管　　□負責人　　　□服務業　　　□製造業
　　　□醫療護理　　□軍警　　　　□資訊業　　　□業務銷售　　□以上皆是
　　　□以上皆非　　□請你猜猜看
　　　□其他：

你為何知道這本書以及它是如何到你手上的？
　　　請先填書名：
　　　□逛書店看到　　□廣播有介紹　　□聽到別人說　　□書店海報推薦
　　　□出版社推銷　　□網路書店有打折　□專程去買的　　□朋友送的　　□撿到的

你為什麼買這本書？
　　　□超便宜　　　□贈品很不錯　　□我是有為青年　□我熱愛知識　□內容好感人
　　　□作者我認識　□我家就是圖書館　□以上皆是　　　□以上皆非
　　　其他好理由：

哪類書籍你買的機率最高？
　　　□哲學　　　　□心理學　　　□語言學　　　□分類學　　　□行為學
　　　□宗教　　　　□法律　　　　□人際關係　　□自我成長　　□靈修
　　　□型態學　　　□大眾文學　　□小眾文學　　□財務管理　　□求職
　　　□計量分析　　□資訊　　　　□流行雜誌　　□運動　　　　□原住民
　　　□散文　　　　□政府公報　　□名人傳記　　□奇聞逸事　　□把哥把妹
　　　□醫療保健　　□標本製作　　□小動物飼養　□和賺錢有關　□和花錢有關
　　　□自然生態　　□地理天文　　□有圖有文　　□真人真事
　　　請你自己寫：

力
十文化